一战战史

一战战史

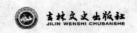
吉林文史出版社
JILIN WENSHI CHUBANSHE

图书在版编目（CIP）数据

一战战史 / (英) 韦斯特维尔著；鸿雁译. -- 长春:吉林文史出版社, 2017.5
（2023.9 重印）

ISBN 978-7-5472-4227-8

Ⅰ.①一… Ⅱ.①韦…②鸿… Ⅲ.①第一次世界大战—历史—通俗读物
Ⅳ.①K143-49

中国版本图书馆CIP数据核字(2017)第120689号

一战战史
YIZHAN ZHANSHI

出 版 人　张　强
作　　者　（英）韦斯特维尔
译　者　鸿　雁
责任编辑　董　芳
责任校对　薛　雨
封面设计　韩立强
出版发行　吉林文史出版社有限责任公司
地　址　长春市净月区福祉大路5788号出版大厦
印　刷　天津海德伟业印务有限公司
版　次　2017年5月第1版
印　次　2023年9月第5次印刷
开　本　640mm×920mm　16开
字　数　202千
印　张　16
书　号　ISBN 978-7-5472-4227-8
定　价　45.00元

前言

第一次世界大战，是 1914～1918 年帝国主义国家两大集团——同盟国与协约国之间进行的首次世界规模的战争。战争先在德国、奥匈帝国及其敌对国英国、法国、俄国等之间展开，后来逐渐有 38 个国家、15 亿人卷入战争。这场战争爆发的根源，首先是老牌殖民帝国英、法、俄和德、日、美等新兴帝国主义国家在争夺资源和殖民地上的矛盾。其次，资本主义国家周期性的经济危机和国内阶级矛盾的尖锐化也使各国统治不稳，于是纷纷扩军备战、寻找同盟，企图通过对外发动侵略战争来缓和国内阶级矛盾。

1914 年 6 月 28 日的萨拉热窝事件引爆了欧洲的火药桶，随着奥匈帝国向塞尔维亚宣战，欧洲列强纷纷全面动员，倾其全国之力，投入这场前所未见的残酷血战。绵延千里的铁丝网和壕沟阵地，成为列强厮杀拼搏的角力场。数以百万计的军人在弹片四溅、血流成河的泥泞战场，试图打出一个世界新秩序。主要战役包括东普鲁士战役、马恩河战役、索姆河战役、凡尔登战役、日德兰海战、俄军 1916 年夏季进攻战役等。战祸蔓延至亚欧非三洲和大西洋、地中海、太平洋等海域。炮火硝烟中，旧帝国纷纷解体，欧洲的权力格局亦随之改变。1918 年 11 月 11 日，德国投降，历时 4 年零 3 个月的第一次世界大战以协约国的胜利告终。

第一次世界大战是首次真正意义上的全球性军事冲突，人类在这次浩劫中蒙受的损失之大，令人瞠目结舌：军人、平民伤亡人数达到数千万，参战国物资总损失达 4 万亿美元。这次大战，使帝国主义各国的力量对比发生了变化。德国战败，割地赔款；奥匈帝国彻底瓦解；英法虽取得了胜利，但在战争中元气大伤，受到削弱；美国在战争中牟取暴利，一跃成为经济强国。战后帝国主义奴役掠夺战败国和宰割弱小国家的《凡尔赛和约》等分赃条约，虽暂时调整了帝国主义战胜国之间的关系，但没有消除它们之间的根本矛盾，这场号称"将结束一切战争的战争"，造成的结果，竟是下一场更大规模的世界大战。

这是一部战争史书，是对人类历史上最致命冲突的权威记录，对第一次世界大战中的大小战役均有翔实的叙述，详细解读其前因后果，客观点评当时的政治经济格局，还原历史真相，拨开重重迷雾，为读者呈现不一样的战争全史。其中既有对不同军事策略之成败的分析，也会论及战争的关键转折点以及新技术所带来的影响力等。视角客观公正，故能与众不同；论述精警，足以让人击节。既适合普通读者对"一战"进行大致了解，也可供军事迷和专业人士学习参考。

目录

CONTENTS

1915 年——堑壕战

1916 年——消耗之年

1917 年——欧洲决胜之年

战争的后果

开战原因

1914 年 6 月 28 日，波斯尼亚－塞尔维亚民族主义者暗杀了奥匈帝国皇储弗朗茨·斐迪南大公。那时，巴尔干地区的地方势力正斗得没完没了，所以大部分的欧洲人在刚刚知道这个消息时都没怎么在意，觉得这充其量也不过是又一个比以往更不同凡响的斗争新产物罢了。尽管这起暗杀并没有在其发生的当日就直接导致第一次世界大战的爆发，但就在那个夏日的礼拜天后不到一个月的时间里，它就演变成了一根导火索，把欧洲的主要势力都吸引到了瓜分世界的战火之中。

第一次世界大战前，欧洲各国之间在经济、政治和领土等方面积累了很多的矛盾，而各种秘密条约的签署将相关势力分化为对立的同盟国和协约国两大阵营，也使得矛盾进一步被激化。1914 年 7 月，各国首脑决心要用战场上的胜败来理清混乱的局面，因此有意无意地都放弃了遏制冲突的努力，决策者的这种态度在其他诸多因素的作用下最终导致了武装冲突的爆发。但当时却几乎没有人意识到，这场战争后来将会演变成一次旷日持久、蔓延到世界各个角落的旷世浩劫。

萨拉热窝刺杀事件

在第一次世界大战之前，巴尔干地区就早已因为国家间的对立和局部战争而四分五裂了，而 1914 年 6 月刺杀那个寂寂无名的奥匈帝国皇储的行动，不过是这次世界大战的导火索而已。

在第一次世界大战之前的若干年里，欧洲列强就已经分化成了两大对立的政治集团，这在很大程度上是因为每个国家都有理由相信其邻国可能会对自己产生威胁。当时，地处巴尔干的塞尔维亚与沙皇俄国关系十分密切，却又被奥匈帝国视为眼中钉，这使得沙皇俄国和奥匈帝国在巴尔干的冲突问题上很难达成一致，双方都因为这个隐患而充满了忧虑。由于担心法国会在局势发展到某个阶段时夺回他们在普法战争（1870~1871年）中割让给自己的阿尔萨斯和洛林两省，德国曾试图维持与英国的友好邦交，但两国的交情在德皇威廉二世于1888年即位之后却变得糟糕起来——威廉二世开始建造大型的军舰，其举动无疑是在挑战英国一直以来所拥有的海上霸权地位，而英国对于德国的快速工业化和其对海外殖民地的搜寻也渐渐警觉起来。

联盟竞赛

1879年，德国与奥匈帝国结成同盟；三年之后，意大利也加入了，三国同盟形成。在这个同盟体系中，如果意大利遭受法国的袭击，德国和奥匈帝国将给予支援；而意大利则表示，自己将在俄国攻打奥匈帝国时保持中立。另一方面，法国与俄国于1894年结成联盟，英法两国则于1904年签署了《英法协约》。此外，由于俄国对德皇威廉二世在巴尔干问题上支持奥匈帝国的态度相当恼火，故决定结束与英国在中亚问题上的长期纷争，并进而与之结盟。1907年，英法俄之间的三国协约达成。

在那个民族主义蔓延的年代，欧洲列强之间的相互猜忌很容易为军国主义所利用，这一点在德国表现得最为明显。基于"先下手为强，后下手遭殃"的共同认知，在竞争中处于对立状态的各个国家纷纷摩拳擦掌，意图夺取战争先机。德国意识到即将面临的是两头作战的考验，所以自己必须抢在数量远胜于己的法俄大军开入战场之前率先发动进攻。在大战来临前的几年时间里，上至将军下至百姓，人人都觉得这场战争应该是无可避免的了；但绝对没人会想到，这一切竟是由 1914 年 6 月 28 日那一对寂寂无名的奥匈帝国皇储夫妇被刺身亡来拉开序幕的。

塞尔维亚和波斯尼亚

其时正在波斯尼亚首府萨拉热窝进行官方访问的斐迪南大公是奥匈帝国的皇位继承人。1906 年，这个曾经被奥斯曼土耳其控制的地区就已经被纳入了奥匈帝国的版图，但这次吞并却并没有得到居住在波斯尼亚的塞族人和本土国民的承认。这次暗杀是由加尔利诺·普林西普领导的一小队塞尔维亚民族主义者实施的。如果这支小队是独立作案的话，那么在他们被捕之后，事情就该落下帷幕了，但是很明显地，他们既然是在塞尔维亚境内策划这次行动的，那么塞国的秘密组织就肯定为他们提供了协助，也就是说，塞尔维亚在斐迪南大公遇害一事上扮演着共犯的角色。奥匈帝国立刻将此视为塞尔维亚与自己为敌的证据，甚至坚信这是塞尔维亚有计划地通过获得波斯尼亚来扩张其领土的表现。他们认为，扩张后的塞尔维亚将变得更加强大，而这势必进一步动摇奥匈帝国在巴尔干地区本就日渐衰退的影响力；同时，塞尔维亚还很有可能为了地缘政治的目的煽动奥匈帝国内部的斯拉夫人制造更大的动乱。

1914 年 7 月，走上战争之路

　　萨拉热窝刺杀事件一开始看起来只不过是奥匈帝国和塞尔维亚之间的区域斗争罢了，但在那之后，危机却迅速蔓延开来——不到 4 个星期的时间里，所有欧洲列强都被卷入其中。

　　奥匈帝国弗朗茨·斐迪南大公夫妇被刺身亡的消息当时并没有引起欧洲新闻界的兴趣，但却使奥匈帝国政府做出了一个极端的反应。奥国政府中，以外交部部长利奥波德·冯·贝希托尔德和陆军元帅弗兰兹·康拉德·冯·霍兹多夫为代表的高级官员们，将萨拉热窝刺杀事件视为给塞尔维亚以当头棒喝的黄金契机；但在那之前，他们必须保证德国愿意为了他们的行动而出面阻止俄国支援塞尔维亚。7 月 5 日，德皇威廉二世请奥匈帝国大使转告奥国总理：德国愿意帮忙。之后他便巡游去了。

奥匈帝国与塞尔维亚开战

　　23 日晚，奥国就刺杀事件要求赔偿的最后通牒送达塞尔维亚政府，但他们其实根本就没指望对方会答应这些异常苛刻的条款。不想，俄国却在此时介入其中，一方面要求塞尔维亚接受通牒中大部分的内容，另一方面则警告奥匈帝国不准再得寸进尺地对塞国不利。这下贝希托尔德和康拉德不乐意了：25 日，塞方回复送抵时，他们拒不接受塞尔维亚做出的巨大让步，并在同一天开始动员军队。26 日，贝希托尔德说服当时在位的奥匈帝国皇帝法兰兹·约瑟夫签署了对塞尔维亚宣战的声明。

　　于同一天结束了假期的德皇威廉二世，直到 28 日才得知奥匈帝国向塞尔维亚发出最后通牒的事情——当天，贝希托尔德知会塞国驻维也纳大使，两国进入交战状态。两天后，俄国军队开始局部动员；威廉二世和他的亲信们将渐露端倪的危机视作增强本国实力及影响力的大好时机，因而也开始对德国部队进行全体动员。31日，德国向已升级为全面动员的俄国发出通牒，要求其停止动作；在俄国拒绝了他们的要求之后，德国当天下午即对俄宣战。

宣战

现在，各方盟军都已各就各位。法国总理表示：法国的"一切行动都以国家利益为出发点"。在德国看来，这套说辞是在强调法国力挺俄国的态度，遂于8月3日对法宣战。同时，他们还按照早就制订好的作战计划，立刻入侵了比利时和卢森堡。奥匈帝国大臣利奥波德·冯·贝希托尔德原想说服英国外交部部长爱德华·格雷，让英国退出三国联盟，但最终却无功而返。而英国则于8月4日早上为了保证比利时的中立而向德国发出严厉警告，又于当日午夜进一步对德宣战。在这期间，意大利一直袖手旁观，理由是，"奥匈帝国对塞尔维亚采取的军事行动超出了三国协约中防御协议的内容"。

8月的头几天里，各个参战国的首都都有大批人群涌上街头，他们心中既有保家卫国的战斗热情，也有由于积蓄的敌意终于得以释放而产生的近乎野蛮的狂热。将军和政客之类的人则大多都希望能在圣诞节前以胜利者的身份班师回国。

协约国战争计划

法国和俄国的大军为了打击他们最强大的对手德国，分别从西面和东面同时踏上了征程，而英国强大的海军则被用来对德国实行经济封锁。

　　法国的战略源于他们在普法战争中被迫割让阿尔萨斯和洛林两省的耻辱。1911~1914年，法国总司令约瑟夫·霞飞元帅制订了"第十七号计划"。在这个计划中，若干支法国军队一接到命令就将立刻集结到比利时与瑞士之间的阿洛两省沿线上，从而集中全部火力挺进阿洛两省。霞飞当然知道，这么做会使得法国与比利时之间的地带处于无兵设防的状态，但他认为，德国到时会顾忌战线过分拉长的危险，不可能跨到默兹河西岸来。

俄国的计划

　　根据德国是先入侵俄国还是法国的两种可能性，俄国制订了两个计划：如果德国先进犯俄国，那么在法国出兵阿洛两省的同时，俄国将以抗击侵略的姿态投入战争；但鉴于大多数人倾向于认为法国才是德国的首要目标，故俄国更可能实行"第十九号计划"——立刻侵入俄德交界处的东普鲁士省。这个计划是尤里·达尼洛夫将军在后来的战争部长弗拉基米尔·苏科利诺夫将军的支持下制订的，最初成型于1910年。而达尼洛夫对于那些认为奥匈帝国的威胁性不比德国小，俄军应该穿过西里西亚直取德国中心，以及那些反对弃守俄国边境的堡垒、反对俄军到别国开战的声音通通充耳不闻。

　　达尼洛夫和苏科利诺夫的劲敌有很多，军队领导人尼古拉斯大公爵就是其中最有代表性的一个，而这些反对者的声势在战前越发强大起来。由于进攻奥匈帝国加利西亚省的构想此时看上去更可靠些，因此在1912年，"第十九号计划"被进行了修改。修改后的计划中，仍然保留了进攻东普鲁士的方案，但参与行动的军队由之前的四路降到了两路；俄国边境的堡垒再度得到了重视，更有三路大军沿奥匈帝国边境驻扎；余下的军队则可根据需要被派至东普鲁士或是加利西亚。

比利时和塞尔维亚的计划

比利时和塞尔维亚的战争计划都是根据实际的地理环境及地小兵少的情况制订的。两国都想尽可能地将敌人拒于国门之外，等到实在撑不住时，要么就退回到加强了防御的城池之中，要么就退到地形复杂的内陆地区去。两国都希望，比他们更为强大的敌军能够在这种时刻移师他处，或是法俄盟友能来助自己一臂之力。

英国的目的

相比于那些地处大陆的国家而言，英国的陆军规模很小，但其海军规模却比德国大得多。这也是英国的战争计划制订的基础。小小的英国远征军将在第一时间里就被送到海对岸，与法军左翼在法国北部会合，以保护远征军在英吉利海峡登陆的港口；而英国的王者之师——皇家海军，则负责对德国实行海上封锁。由于英军舰队中的大部分船只7月18~20日正好停泊在母港检修，之前下达的分散作战指令才得以及时撤回，保证了28日时有足够的战舰开赴战场，这对英国来说实在是大大的运气。

奥匈帝国和德国的战争计划

1914年以前，德国和奥匈帝国都制订了非常复杂的战争计划，而这些计划的执行依赖于利用铁道系统进行的快速动员。因此，他们会尽可能地避免两头同时开战的局面。

1894 年，法俄两国曾签署了一份可以有效钳制德国的合约。德国陆军总参谋长康特·阿尔弗雷德·冯·施里芬则因此意识到：将来有一天，德国可能要面临一场毫无胜算的双线战争。为了阻止这一情况的发生，他制订了一套战略，试图在俄国调动起规模巨大的军队之前就击败法国，这就是所谓的"施里芬计划"。

施里芬计划

施里芬知道，取道阿、洛两省进攻法国的做法不仅会推进缓慢，而且要付出很大的代价：这在很大程度上是由于法国人自从在普法战争中失去阿、洛两省后，就在共有国界附近修筑了很多复合堡垒的关系。但如果从瑞士阿尔卑斯山推进，那么，多山的地形又会让军队太过吃力。考虑再三，施里芬决定派一支奇兵，穿过边境防御较为薄弱的荷兰南部和比利时。

施里芬的计划是，在梅斯和瑞士国境之间的阿洛两省布置一支军队，再联合各路大军，利用崎岖的地形和德国的边境要塞来拖延法军的进攻。在梅斯北面布置的主要军力可以在西线和南线间摆动作战，这样就能阻止法军朝阿、洛两省的推进；而一旦法国战败，德国大军就将通过铁路迅速转向东线，与留守东普鲁士的小股军队会合，并进而举全德之兵力进攻俄国。

1906 年，施里芬退休，赫尔姆斯·冯·毛奇将军接任了他的位置。由于俄国采取军事行动的速度比施里芬预计的要快，同时，不肯舍弃半寸领土的毛奇在审时度势之后，觉得原计划应该进行修改。他将在梅斯和瑞士之间的德军从总体数量的 5% 加至 25%，又将驻扎在东普鲁士的守军从总数的 10% 加到了 15%。这样一来，原计划由 90% 的德国陆军驻扎的梅斯北部现在就只有

60% 的军队了。由于毛奇误以为英国会在比利时的中立地位受到侵犯时按兵不动，因此放弃了原本借道荷兰的作战计划。一系列的变动，将德军的前进之路限制得十分狭窄，而他们面前，还要面对列日的复合堡垒。

战争时刻表

施里芬计划的关键即在于"时机"二字。毫无疑问，德国高效运行的铁道系统和灵活机动的军队调度都是其在边境迅速集结大军的有力保障，但德军千里急行的最高目的竟然就只是为了遵循总参谋部那份严格的时间表。这个计划也使得人们对于法俄两国在战争爆发时会作何反应产生了许多猜想。

奥匈帝国

奥匈帝国的应对之策有两种思路：其一，只考虑自己在巴尔干地区与塞尔维亚之间的局部战争的话，怎么办？其二，假定塞尔维亚及其强大的俄国盟友让奥匈帝国腹背受敌的话，又怎么办？在当时的环境之下，后者出现的可能性明显更高一些。奥匈帝国也因此决定：一旦两线同时开战，那么奥匈帝国就遵守承诺挺进波兰，缓解德军在东普鲁士的压力，真正与德国盟友同进同退。

欧洲陷入战火

同盟国和协约国两大阵营内部都曾经签署过很多秘密条约，其中的一些条款是盟国之间用以承诺在需要时彼此提供军事支援的，而此时各国互相宣战，这些条款就正好开始生效。经过多年的筹备，每个国家的作战计划都已十分详尽，因此无论是军队的调度，还是部队的行军，都进展得非常顺利。在 1914 年 7 月底到 8 月初的短短时间里，德国和奥匈帝国调集了一支 650 万人的大军，而协约国则出动了总共约 900 万的兵力。无论是将军、政客，还是一般的普通大众，人们都希望能让对手在重拳之下被一击致命；但实际上，参战双方谁都不能在短时间内打倒对手。

1914 年，以德国对比利时和法国东北部的数次扫荡为标志，第一次世界大战正式拉开帷幕。德军原本打算在巴黎附近速战速决，但这个计划却于当年 9 月初即不幸流产，随后的两个月里，西线战场上堑壕战的格局渐渐形成。实际上，西线正是开战第一年的主战场，这里的战火才烧了 5 个月就已经葬送了协约国 120 万的兵力，吞噬掉德国 68 万士兵的生命。而东线战场在同一时间里出现的却多半是小打小闹，规模较大的战役只有两起。"一锤定音"的期望是落空了，但人们对战争的狂热却依然高温不退。

德国入侵比利时

要实行施里芬计划，就需要大约 94 万士兵和 2900 门大炮，兵分四路，迅速穿越只有不到 12 万军队和 320 门大炮守卫的小国比利时。

事件重点：

时间： 1914 年 8 月 4～25 日。

地点： 比利时。

结果： 德军穿越比利时迅速挺进，比、英、法三国军队被迫撤退。

1914 年 8 月，德国在阿尔萨斯和洛林两省与法国接壤处布置了两支部队，另有两支指向卢森堡，再有三支驻扎在与比利时接壤的狭窄地带。除了与法国接壤处的两支驻军外，其余的五支部队作为施里芬计划的重要组成部分，将在穿过比利时、绕行攻击法国东北部之后，取道向南；其中，最北面的两支部队——共计拥有 58 万人及 1700 门炮的亚历山大·冯·克卢克将军麾下第一集团军和卡尔·冯·布罗将军领导的第二集团军——则将负责对敌人实施主要打击。

列日沦陷

施里芬计划的制胜法宝在于"迅速"，因此德军必须尽快解决比利时边境的堡垒。8 月 3 日，一支受过特别训练的 3000 人特遣队奉布罗之命，在奥托·冯·伊曼里奇将军的指挥下，穿过比国边境，抵达要塞城市列日。8 月 5 日晚至 6 日凌晨，伊曼里奇的奇兵在夜幕的掩护之下对列日发动袭击。他们原想从城外 12 道钢筋混凝土堡垒之间的缝隙里渗透进去，但却遭到了比利时第三师指挥官杰拉德·勒曼将军的坚决打击。几天后，德国的艾瑞克·鲁道夫将军率军攻入该城，但城外的比军堡垒却依然坚守不屈。布罗无奈，只好安排重型攻城炮上阵——这其中包括了两门口径分别为 305 毫米和 420 毫米的榴弹炮，在 8 月 12~16 日对列日展开了狂轰滥炸。即便是固若金汤的堡垒也难以抵挡如此猛烈的火力攻击，列日不久即告失陷。

克卢克和布罗的军队终于可以继续穿越比利时了。8 月 18 日到 19 日，克卢克的部队在蒂勒蒙附近击退了一小股抗击的比军。小胜次日，当布罗率军沿东西向的默兹河和桑布尔河行军时，克卢克又占领了比利时首都布鲁塞尔。比利时国王阿尔伯特此刻终于深切地认识到：他那缺粮少弹的军队根本就不可能阻挡德国那光是数量就已四倍于己的钢铁雄师。斟酌之后，他决定派一个师去布罗大军必经的纳慕尔要塞，余下部队则随他留守安特卫普（这两个城市都有环形堡垒防线）。另一方面，克卢克却只派了一个团去封锁安特卫普，以保证没有一点比利时的火力能够袭击到自己的右翼，而他自己的第一集团军大部及布罗的第二集团军则继续向西进发。

征服比利时

8 月 20 日，纳慕尔遭到德军攻击，次日即陷入包围，战斗模式与不久前列日之战中的一模一样；22 日，布罗率军穿过桑布尔河；25 日，列日彻底失守，但所幸大批守军得以逃脱。到 8 月的第三个周末时，德军已经控制了比利时的大部分地区；而重型榴弹炮的加入则使得一度成为施里芬计划绊脚石的比利时堡垒自此无足轻重。不过，克卢克和布罗还有很长的路要赶，而夏末的炎热天气已经让频繁作战又长途跋涉的德军渐显疲态了。

边境要塞

为了抵御外敌入侵，欧洲有很多国家都在本国脆弱的边境地带设置了精巧的堡垒工事。但在重型榴弹炮的面前，这些堡垒却不堪一击，而且还成了防御的累赘。

尽管 19 世纪时的许多欧洲国家对修建、翻新防御工事乐此不疲，但在边境上的敏感地带建造御敌要塞实在不算是什么新潮的事。不过，虽然大家都在修，但最为集中的要塞群还是非法德交界处莫属。

要塞的设计

虽然边境要塞的设计并没有一套既定模式，但各国的堡垒实际上仍有很多共通之处。譬如，堡垒多半选址于战略上较为重要的城镇周围，一般都是沿河而建，在距城镇中心数公里之外形成一个包含了若干等距排开的堡垒的防御圈，将城镇团团护住。大堡垒之间，既可以再建小堡垒，也可以根据需要在两个堡垒之间挖掘战壕。一般布置在这种要塞里的守军都很少，千人部队的规模就算很大了；在需要支援时，则可由中央预备队来增强要塞守军的力量。

在当时的要塞堡垒"建造业"中，最重要的人物当属比利时人亨利·布里欧蒙特。安特卫普、列日和纳慕尔最现代化的防御工事都是布里欧蒙特的作品；同时，他在要塞建造中的一些基本理念还为他国所借鉴。布式堡垒可根据地形分别呈现为三角或五角形，其核心部分是一个处于地上武装炮台掩护之下的加固型混凝土地下中心——这里的混凝土厚达 2.5 米，掩埋在 3 米深的地下。地下中心的上部环绕着一圈齐胸高的矮墙，地上炮台里的步兵可以躲在墙后指挥堡垒内部的运作，也可以从墙体上方向袭击者开火；地下中心外围还有一条两面都是斜坡的无水深堑，而深堑与矮墙之间有许多可以架设大炮和机关枪的炮台，堑底则是乱麻一般的铁丝网；整个堡垒外沿还围有一圈难以爬越的铁栅栏。

但是，在布里欧蒙特的设计图里，人们只能看到地下中心露出地表以上的部分以及炮台的单体设计。一些军事评论员认为，这种炮台在敌方的炮火攻击下根本就不堪一击，并相信伸缩炮台才是更优秀的设计。"伸缩"二字表示的是这种新型炮台在炮兵给大炮填充弹药或是不攻击时都可以收起来。法国的圣查蒙德和德国的格鲁森两大工程公司都参与了这种炮台的开发，而他们的设计随后即被不计其数的欧洲要塞所采用，其中甚至包括了法国的凡尔登、贝尔福和俄国的布雷斯特－立托夫斯克。

战斗中的要塞

第一次世界大战中，有许多堡垒盛名在外，却让对之充满信心的人大失所望。它们当中，有像列日和纳慕尔的堡垒一样在重炮轰击之下被迅速瓦解的，有形同虚设、进攻者可以直接绕道去别处发动进攻的，还有一些空有堡垒之名，竟将大炮移到露天空地之中进行战斗的。根据史料记载，第一次世界大战中唯一有效地拖延了敌军围攻进程的，只有奥匈帝国加利西亚的普热梅希尔要塞，而这项"纪录"的诞生竟主要是因为围攻该要塞的俄军缺乏重炮支援。1916 年，在整个大战历时最长的凡尔登战役中，双方交战的首要任务竟不是占领城外的堡垒，而是消耗对方的兵力。

重炮

　　大战之初，对任何地方而言大炮都是稀缺物资。但随着各国为了适应堑壕战而纷纷构建防御工事，大炮就成了各个兵工厂里制造的最主要的武器。

　　1914年，大炮的稀缺可以部分反映参战各国最近的作战经历。法国人还是热衷于19世纪初那种拿破仑式的快速机动作战；英国人在那段时间则较常采用1899~1902年第二次英布战争中使用过的那种隐蔽的骑兵突击战。鉴于这两种战术对速度的要求都是越快越好，所以这两个国家都不需要那种由马匹拖曳，与步兵及骑兵齐头并进的机动野战炮。

大炮与要塞

　　德国和奥匈帝国的指挥官们从1904~1905年的日俄战争中了解了日军所使用的重型榴弹炮。1914年，考虑到要对付敌军的要塞必须使用重炮，两国的军事高层都为自己的军队装备了野战炮，使得他们的军队开赴战场时在装备上就占据了优势。普鲁士的军队早在普法战争中被包围时就已经意识到自己缺乏充足的火力。法军应对德国施里芬计划的取胜手段是建造并改良一系列的要塞堡垒，以拖延德军的快速移动。而德军要穿过的比利时则跟着法国走。奥匈帝国有可能要面对两个敌人——俄国和意大利，无论和谁开战，战场都会有一部分在喀尔巴阡山脉和阿尔卑斯山脉之中，而要在山区内作战，就需要有高射程的炮弹。

　　奥匈帝国的军队率先使用了斯柯达制造的305毫米口径榴弹

炮"苗条的艾玛",德军的克虏伯则发展出一种420毫米口径的武器,并亲昵地称之为"丰满的贝莎"。1914年8月12日,两者在号称拥有世界最坚固复合要塞的列日首次展开了角逐。让德军无比欣慰又让比利时军惊愕不已的是,12台"艾玛"和"贝莎"在短短4天时间里就把所谓坚不可摧的钢筋混凝土防线撕成了碎片。

1914年末,沿西部前线修筑的战壕,所有的战斗都是为了让重炮撕裂带刺的铁丝网,破坏并填平所有为了包围战而准备的战壕,更有大批的重炮被造出来对付余下的要塞。例如,1914年时,法军只有8%多一点的大炮属于重型炮,但4年后,这一比例就升至接近50%了。

火力加强

各种部件经改良过的重炮,有的本身就有轮子,可以作为一个整体在战斗中移动;也有的被分拆成各种零部件,运到战场之后再在加强过的底座上进行组装。像法军使用的220毫米口径的施奈特型那样的重炮可以把重达90.7千克的炮弹发射到22400米以外的地方,但大多数重型榴弹炮的射程都要比这个短。简单来说,就是射程和炮弹重量之间呈反比关系。为了提高杀伤力,当时各方势力都把炮弹越做越重。1914年时,德军野战炮的标准炮弹只有6.8千克重;而到了1916年时,口径210毫米的战壕臼炮使用的就是113千克的炮弹了。

国境之战

这个标题所指内容包括了1914年8月间蔓延在德法边境上英

法军队与德军之间的一系列战斗。

根据法国的战争策略——第十七号计划，一旦德法产生军事冲突，将会有 6 个法国集团军到法国夹在比利时与瑞士之间从贝尔福到色当的边境地带集合。加上法国同意英国远征军占据前线最左侧的位置，国境之战在所难免。

法国出击

8 月 8 日，包柏将军率领他的阿尔萨斯法国集团军向牟罗兹挺进。奥古斯特·杜贝尔将军的第一军和诺埃尔·德·卡斯塔尔瑙的第二军则向洛林进发。14 日，在法国大军的挺进中，德国巴伐利亚王储鲁普雷西特率领的第六集团军和乔西亚·冯·黑林根将军率领的第七集团军佯装退却，20 日，两军折返并发动了猛烈的进攻。一天后，法军后撤时，第一军还算保持了队形，但第二军的右翼却已彻底被毁。当这场战斗于 22 日结束时，毛奇同意鲁普雷西特和冯·黑林根继续追击，但施里芬计划里却并没有安排这样的行动。

法国再三受挫

第十七号计划中，有三个集团军被安置在梅斯北面以伺机东进。但第五军的指挥官夏尔·朗雷扎克意识到比利时境内的德军实在太过强大，于是在 15 日获得批准后即带领自己的军队向西转向比利时南面的默兹河，与英国远征军的右翼部队一起行动。其余的两个集团军，即费迪南德·德朗格尔·德卡里将军的第四军和皮埃尔·鲁弗里将军的第三军，则从 20 日起开始向东北方向移动，进入到草木丛生的阿登高地。

伍腾堡的阿尔布雷希特公爵率领的德国第四集团军联合威

廉王子的第五集团军，于 22 日将这两个法国集团军击败。25 日，法军被迫撤退。第三军穿过色当附近的默兹河向南退守马恩河时，第四军则退到了凡尔登。同时，朗雷扎克于 20 日把第五军带到了桑布尔河与马恩河之间，但两天之后却遭到了冯·布罗将军的第二集团军及马克思·冯·豪森将军的第三集团军两支德国部队的攻击。22 日，德军包围朗雷扎克的部队，但第二日即被突围。

国境之战由第十七号计划的部署而起，但却完全没有按照计划进行。8 月底，法军退守从巴黎沿马恩河至地处瑞士北面的凡尔登的防线。此时的法兰西已在过去的 4 周中伤亡 21 万余人，究其原因，一部分是因为法国将领死板地遵循了那个攻击至上、全无防御的作战计划。但战争还在继续：23 日，冯·克卢克将军率领 32 万人的德国第一集团军遭遇了规模小得多的英国远征军，国境线上战火又起。

空中侦察机

第一次世界大战爆发时，飞行技术才刚刚诞生，但大多数的参战国都购置了一些空中侦察机。当静音技术发展起来之后，这种侦查方式就变得越来越重要了。

在第一次世界大战中，大概每 20 次飞机起飞中就有 19 次是为了执行侦查任务。毫无疑问，飞行器在战争中扮演的角色越来越重要。而在开展之初，这种新技术的引入却遇到了相当大的阻力——1914 年时，军用飞行器的发展还很不成熟，很多将领都在怀疑这东西能有多少用处。

新型机动部队

1914 年时能用的飞行器其实少得可怜，许多国家都是刚刚建立空军，高级将领对于如何指挥其战斗一无所知。传统战术中，骑兵被视为"军队之眼"，但飞行器很快就证明了自己的侦查价值。德国的一种双座鸠形单翼机在 1914 年 8 月东线战场的坦嫩贝格战役中是负责侦查的重要角色，而当西线战场上的堑壕战取代了骑兵作战之后，这种飞行器就更加不可或缺了。

空中侦察机的重要性促成了战斗机的产生——战斗机的任务要么是击落侦察机，要么就是保护其不被击落。侦察机技术也越来越复杂。手写的报告被无线电信息所取代，需要舱内人员手持拍摄的照相机让位给了置于机身之内的小摄像头。为了飞得更高更快，后来的侦察机摈弃了一切多余的东西，包括武器。它们飞翔在每一寸战场的上空。王牌战斗机飞行员曼弗雷德·冯·里希特霍芬男爵击落的 80 架飞机中，超过半数都是空中侦察机。

由于最开始并没有战斗机对其造成威胁，第一版侦察机不需要追求速度和灵活性，所以只有一个稳固的平台供侦察者使用。早期的推进式飞机，如法国的法曼 –MF 系列和英国的 FE–2a，每小时只能飞行 88 千米，而牵引式的飞机最快每小时也只能飞出 104 千米。大多数的侦察机都不携带武器，但从 1914 年末开始，一些侦察机开始配备机关枪和炸弹。

后续的发展

接下来几年出现的新机型就先进得多了。例如，奥巴特罗公司制造了各种越发高级的武装侦察机，包括 1915 ~ 1916 年的 C–Ⅰ到 C–Ⅲ系列，以及 1916 ~ 1918 年的 C–Ⅴ至 C–Ⅻ型。C–Ⅹ型是一款非常成功的侦察机，可以在既装备机关枪又配备炸弹的情况下依然保持每小时 196 千米的飞行速度。德国的飞机制造商当然不止一家，除此之外还有于 1915 ～ 1917 年制造 C- Ⅰ 至 C- Ⅲ 系列的阿维阿特克公司，以及于 1917~1918 年制造的系列的哈伯斯特公司等。它们的 C-Ⅴ 型和朗普勒的 C- Ⅶ 型侦察机是自带无线电和照相机的，可以为炮弹攻击提供敌军位置和目标锁定等服务，真正体现了现代的空中照相侦察技术。

协约国的设计者当然也不甘落后。1915 ～ 1916 年，他们制造出了如法国纽波特 10 型和纽波特 11 型这样最高时速可分别达到 140 千米和 155 千米的产品。除了单纯的侦察机外，有些设计者还改变策略，研究可以提供多种功能的复合型飞机。英国皇家飞机制造厂在 1916 ～ 1918 年大规模地制造了 RE-8 型双翼飞机，这种飞机可以执行投弹和地面攻击等各种任务。

蒙斯和莱卡托

1914 年 8 月，穿过法比边界向前挺进的英国远征军在经历了德军的频繁袭击后，意识到面前是数倍于己的敌军，于是开始向着法国东南部实行战略性撤退。

事件重点：

时间： 1914 年 8 月 23 日在蒙斯；1914 年 8 月 26 日在莱卡托。

地点： 比利时西南部及法国东北部。

结果： 英国远征军逃过灭顶之灾后，参加了马恩河战役。

英国对德宣战三天之后，即 8 月 7 日，陆军元帅约翰·弗伦奇的英国远征军第一分队抵达法国东北部，而 12.5 万人的大军则直到 16 日才全数渡过英吉利海峡。英国远征军集结在法国东北的莱卡托，并于 8 月 21 日向比利时南部移动。

远征军的第一场战斗不过是次日双方骑兵侦察员之间发生的一次小冲突。但 48 小时后，施里芬计划中负责统领左翼的亚历山大·冯·克卢克将军率领德国第一集团军，在蒙斯附近对英军发动了全力进攻。以克卢克那种呆板的思考方式，虽然他吃惊于英军出现在法国，却也没有向上级汇报这一情况。

蒙斯保卫战

23 日，英军在蒙斯战役中用高速来福枪让德军损失惨重；第二天，备受鼓舞的弗伦奇打算坚守阵地。但他却收到命令，夏尔·朗雷扎克将军率领的法国第五集团军正从比利时桑布尔河战场撤退，他必须连夜撤军与这支部队会合。于是，大约在几天之内，英军就沿着不久前他们去比利时南部时才走过的路又回到了法国东北。弗伦奇真的很想把军队直接撤到英吉利海峡边的港口去，但他的上司菲尔德·马修·霍雷肖·基齐纳却坚持要让远征军退到马恩河去，和朗雷扎克保持联系。

蒙斯战役后，克卢克的部队就一直紧紧地跟在撤退的英国远征军后面，时不时地打一下英军的屁股。27 日，筋疲力尽的远征军第二军在霍勒斯·史密斯·多利恩将军的率领下坚守莱卡托阵地，不想却被卷入了一场一百年来英国军队所未预过的空前大战。

德国第一集团军试图从两翼包抄英军，于是只有 7 万人的英军只得和 16 万敌人血战了整整一天。战斗由于夜幕的降临而结束，已死伤 7800 余人的英军继续撤退。途中，他们得到了在英军右翼平行撤退的朗雷扎克法国第五集团军的支援。这时，法国总司令约瑟夫·霞飞元帅却命令朗雷扎克掉转 90 度，向西进攻克卢克毫无防备的德军右翼。

克卢克的错误

协约国在 29 日发动了自认为胜券在握的吉斯战役，却并没有成功地减慢德国第一集团军的步伐；与之相对的，作为该战役的补充，一次袭击德国第二集团军左翼的次级行动却给其统帅卡尔·冯·布罗将军带来了相当大的麻烦。布罗向克卢克求援，而后者竟在没有获得上级批准的情况下就同意了。同时，克卢克还做出了一个致命的决定：带领军队掉头向东南进发——这条线路直通巴黎，却违背了施里芬计划的安排。9 月 2 日，德军第一集团军大踏步地行进到了塞利城堡和尚蒂伊之间的马恩河畔。克卢克误以为自己右翼的巴黎附近并没有集结大规模的敌军，而这一错误的判断深刻地影响了整场战争后来的进程。

野战炮

战争伊始，由骡马牵引的轻型速射野战炮是最重要且数量最多的大炮类型。但由于使用大型炮弹的重炮更有利于克敌制胜，这种野战炮的地位逐渐降低了。

为了能赶上步兵和骑兵的速度，野战炮一般都是由骡马牵引的轻型炮。轻型野战炮一般按师分配，而较沉较慢的重炮则是为高级将领的部队预留的。野战炮主要有两种类型：普通大炮的炮弹速度快，但弹道较平，多用以攻击平原开放地带炮手可以瞄准的敌人；榴弹炮的炮弹速度较慢，但弹道呈抛物线形，可以攻击有掩护的敌人。两种炮都可以通过炮管的孔径或炮弹的重量来加以区别，前者属于欧洲大陆的常用分类系统，后者则基本只在英国使用。1914 年，法军装备得最多的是 1897 年版的 75 毫米口径大炮，支援英国步兵团的炮兵连使用的则是 Mark I 型 8.2 千克 84 毫米口径大炮，骑兵的支援则是依靠较轻型的 5.9 千克 75 毫米口径大炮。

开火速度

大部分大炮都属于可以在一分钟之内连续发射若干枚炮弹的速射型。其中最厉害的莫过于法国大名鼎鼎的 75 炮。正是这种大炮开创了反后坐系统的先河，即发射时只有炮筒向后运动，而炮架不受影响。75 炮的操作由一队训练有素的炮兵联合完成，一分钟之内可以进行 25 次发射，是名副其实的速射炮。类似的炮兵小队如果使用英军的 8.2 千克大炮的话，一分钟只能完成 8 次射击。

参战的其他国家也配置了类似的大炮。例如，德国惯用一种从他们的盟友那里进口的 77 毫米口径野战炮，而俄国则购置了 76.2 毫米口径的 M1902 型大炮。无论属于哪种类型，野战炮的重量一般都在 900~1350 千克。各种普通大炮和榴弹炮的最远射程通常在 6500~8000 米，但实际作战时由于受到地形的影响，大炮跟目标之间的实际距离都没那么长，一般要比最大射程短三分之一以上。尽管各国炮兵连配备的大炮数量各不相同，但大多数国家都是给每个连配备四台野战炮，英国骑兵和步兵师是唯一给每个炮兵连配备六台野战炮的部队。

炮弹类型

野战炮在作战中使用的炮弹也有两种：一种是对人伤害极大的子母弹——这种炮弹内部填充了很多的金属球，炸药由保险丝引爆，引爆时间被设定在炮弹飞到敌人上空时；另一种是高爆弹——这种炸弹的保险丝只会在受到撞击时引爆炸药，因此必须落到敌军阵地上或是撞到什么坚硬的物体才会爆炸。高爆弹爆炸时的冲击力将摧毁一切无生命的物体，这种冲击和炮弹爆炸时产生的碎片对人来说也是致命的，但如果这种炮弹落到柔软或泥泞的地面上，则有可能不会爆炸。

野战炮是运动战中的一种基本武器，但其重要性却随着堑壕战的发展而逐渐降低：子母弹对于掩体内的目标杀伤力有限；高爆弹只能进行浅层打击，对于深埋在地下的防空洞等坚固的军事目标则无能为力。尽管火力有限，但整场战争中西线战场上的野战炮数量却一直都非常大。不久，炮弹的保险丝被改良，野战炮因此可以有效地破坏由带刺的铁丝网围成的防线。1916 年的索姆河会战中，在开战前就展开炮击的英军出动了 1600 台大炮，其中 1200 台要么是野战炮，要么就是稍大一些的中型重炮。1918 年，德国展开其最大的攻势——"米歇尔行动"时，可用的大炮有 6473 台，其中有 3965 台是 77 毫米口径或 100 毫米口径的野战炮。

马恩河战役

1914 年 9 月初，法国元帅约瑟夫·霞飞策划的一系列激烈冲突为协约国换回了一场至关重要的胜利，这场胜利不仅挽救了巴黎，而且还挫败了德国的施里芬计划。

事件重点：
时间：1914 年 9 月 5~10 日。
地点：巴黎以东。

结果: *德军被迫穿过马恩河撤离巴黎,施里芬计划彻底失败。*

按照施里芬计划,冯·克卢克将军应该率队前往巴黎以西,但他却决定让军队转向南行,跑到了巴黎的东面。这一系列动作自然也引起了协约国的注意。通过空中侦察机侦测到的敌军移动方向,约瑟夫·霞飞元帅决定好好把握这个天赐良机。克卢克认为自己的右翼并不存在英法军队,没料到霞飞已经为他毫无防备的右翼准备了一份"礼物":他在巴黎附近组织了一支新队伍,即由迈克尔·莫努里将军领导的第六集团军。那时已是9月上旬,大部分德军已经渡过了马恩河,向南推进到了巴黎以东48千米沿线。9月5日,霞飞开始了反击。

协约国的进攻

马恩河战役是由若干场战斗构成的。英法军队在这场战役中派出了约100万人,而德国则投入了90万兵力。9月5~9日的乌尔克河会战中,莫努里将军首先对克卢克的右翼发起了进攻。这场战斗昏天黑地地打了两天之后,克卢克终于迫于危险带领第一集团军向后撤过了马恩河;但他随即又对莫努里展开了还击。战况非常激烈,巴黎市的出租车载来的法国援军还阻止了一次德军的突围。

克卢克的撤退在他的第一集团军和布罗的第二集团军之间留下了一个非常大的防御空当。英国远征军抓住机会慢慢地钻进了这个防线漏洞,悄悄地给克卢克的左翼和布罗的右翼同时造成了威胁。而此时由路易斯·弗朗谢·德斯佩雷将军领导的法国第五集团军则沿着小莫林开始了和布罗的第二集团军的对抗。接着,费迪南德·福煦将军率领的法国第九集团军在圣贡沼泽附近袭击了布罗的军队,但他们随即发现:自己面对的还有马克思·冯·豪森将军的德国第三集团军。

而第三集团军余部和阿尔布雷希特公爵率领的德国第四集团军，在维特里－勒－弗朗索瓦受到了来自兰勒·迪·卡里将军领导的法国第四集团军的攻击。接着，在阿登高地的里维基尼，莫里斯·萨莱尔将军带领法国第三集团军成功地阻止了威廉皇储的德国第五集团军的挺进。最后，杜贝尔将军的法国第一军团和德·卡斯塔尔瑙将军的第二集团军布兵在南锡的阿尔萨斯沿线，挡住了加强过火力的德国第六和第七集团军的野蛮进攻——这两个集团军是由巴伐利亚王储利奥波德和乔西亚·冯·黑里根将军分别的。

德军撤退

到了这时，德军总参谋长、陆军元帅赫尔姆斯·冯·毛奇收到的报告要么是支离破碎的，要么就是在跟他抗议的。于是他派了一个他很信任的军官——陆军中校理查德·亨奇——到前线去。亨奇收到的指令只是要如实汇报战况，但从 9 月 9 日开始，他却一再地越权：先是认可了克卢克未经允许的撤退，接着又同意左翼形势越来越紧迫的布罗军队也向后撤离。其他的集团军则受命配合第一、第二集团军的撤离行动，并于 5 天后撤到埃纳河流域去。10 日，马恩河战役结束。不可否认，这次战役是协约国战略上的一次大胜利，但同时，参战双方都为此付出了各自损失 25% 兵力的惨重代价。

步枪和刺刀

步兵的步枪和刺刀是第一次世界大战中最独特的武器，但并不是最具杀伤力的武器，这一"殊荣"当归于机关枪，当然还有大炮。

步枪是第一次世界大战中最常见的武器。尽管当时欧洲有数不清的工厂都在制造步枪，但投入使用的型号之间无论是原理还是细节大多非常相似。所有的步枪都是闩锁式的（多半还是直推式），配有可以填装若干枚子弹的弹匣以保证不用频繁地填充弹药。有一些步枪的弹匣可以拆卸，但更多的则与枪身连为一体，使用者在填充弹药时只是把子弹塞进去而已。

步枪的口径差异很小。例如，德国的1898版毛瑟枪口径为7.92毫米，而俄国莫辛纳甘型步枪的口径则为7.62毫米，罗马尼亚的1893版曼里切尔型口径为6.5毫米。英国使用的所有步枪都是7.7毫米口径的，而美国使用的枪型如1903版斯普林菲尔德步枪则是7.62毫米口径的。大多数步枪的枪身长度都在1.25米左右，重量约为4千克。

弹匣

大多数步枪的弹匣都能装5发子弹，英国和法国使用的枪型还可以多装一点。例如，法国1916年型勒贝尔步枪配备的弹匣可装8发子弹，而英国的第1型李－恩菲尔德步枪和第3型李－恩菲尔德弹匣式短步枪配备的则是可拆卸的10发装弹匣。

这两种设计都是为了满足英军对于快速的设计需求——英军相信，射击频率越快，对敌人的克制效果就越好，而其常规步兵每分钟最快的速度是射击15~20个目标（一般军队的射击频率是每分钟8~12发）。李－恩菲尔德步枪还配备了更大的备用弹匣，并把步枪的枪栓设计成朝下的形式，这些改进都大大地促进了射击频率的提高。但由于战前准备较为仓促，士兵们虽有好枪在握，但却因为没有掌握基本的速射原理而无法成为神射手。

有效距离

步枪的射程一般在 2560 米左右，但一般每个确定瞄准的射击目标都不会超过 550 米远，属于近距离射击。更远一些的地方，根据英军的定义而言，550~1280 米为有效射程，1280~1830 米以内的属于长距离射击，而 1830~2560 米则属于远距离射击范围。在有效射程以内，步枪可以对非瞄准对象造成伤害，而长距离射击和远距离射击则完全没有意义。

刺刀

刺刀主要分成三类。最常见的一种类形如刀刃，另有一种类形如薄薄的针头，易被折断。德军最常使用的则是一类刀刃呈锯齿状的刺刀。协约国的宣传说这种锯齿型刺刀是为了造成更可怕的伤口而设计的，但实际上，这种刺刀一般是先头部队在执行任务时使用的。

战前训练手册中特别强调了装备刺刀的重要性，战士们被不断地灌输一种英国人所谓的"刺刀主义"。但实战和理论是不一样的。1914 年以后，几乎没有人在战场上使用刺刀，而被刺刀刺伤刺死的人数也微乎其微。虽然堑壕战中士兵们还是会用一下这个武器，但当士兵们只身面对敌人时多半会选择逃跑或者投降，而不是举起刺刀和敌人拼命。战争中被刺刀所伤的详细数字已不可知，但和大型杀人武器大炮造成的人员伤亡比起来，这一数字毫无疑问是很小的。根据英国医疗队的战时记录，在整场战争里，英军由于各种原因而负伤的人员中，只有 1% 略多一点是由刺刀造成的。

奔向海岸

从 9 月下旬到 10 月底,英法大军与德军一路周旋北上,双方都想绕到敌人防御较弱的一侧去展开攻击,但双方的各种进攻最后都失败了。终于,北海到了,再想绕圈子也无处可绕了。

9 月初马恩河战役的溃败让毛奇做出了一个最终彻底毁掉施里芬计划的决定:德国军队整体向北部的埃纳河方向撤离。这个错误的决定使得德军陷入了其一直以来竭力避免的两线开战且战时延长的窘境,而毛奇也因为这个失误而被迫辞职,德军总参谋长一职由艾力克·冯·法金汉将军于 14 日接任。与毛奇的处境相反,法国的霞飞元帅受到这次胜利的鼓舞,信心满满地想要趁机干掉这批德军,于是他安排英法大军乘胜追击。霞飞本想绕到德军防御薄弱的右翼去,但德军却利用埃纳河战役(9 月 15~18 日)挫败了他的计划。

埃纳河战役是在一系列史称"奔向海岸"的兜圈子运动战中展开的。协约国部队想要绕到德军的右翼,德军则想要绕到协约国部队的左翼,双方你来我往,就这么一直纠缠到了北海边上。9 月 22~26 日,双方在皮卡迪地区爆发了激烈的冲突;9 月 27~10 月 10 日,阿图瓦又战火纷飞。接下来的时间里,双方的主力部队继续一边北上一边纠缠;进入佛兰德斯地区后,双方更是大战没有、小战不断,但这样的斗争并没有给任何一方带来实质性的进展,战事进入僵持阶段。

包围安特卫普

"奔向海岸"尚在进行中，而此刻的比利时却还在为了生存而战。在 8 月 20 日于布鲁塞尔战败之后，大部分的比利时军队退守安特卫普；8 月下旬到 9 月中旬间，他们在这里曾两次试图突破德军的右翼。28 日，为了避免通信线再受威胁，德军搬来了重型榴弹炮，开始包围安特卫普。

英国海军前来支援安特卫普的守军，但这里的港口却得到了与列日和纳慕尔同样悲惨的下场。10 月 10 日，比利时当局投降，而大部分的守军却撤到了佛兰德斯海岸，好歹算是保住了自己脚下的领土。这支由英国海军和比利时军组成的部队驻扎在纽波特和伯伊辛赫之间的伊瑟运河沿岸。在他们南面驻扎的就是"奔向海岸"运动战中的英法大军。

德国的最后一次攻击

尽管防线已经加固，为了夺取胜利，德军又进行了两次尝试。第一次是 10 月 16~31 日的"伊瑟战役"，德军在该战中由于比利时开闸放水的大胆决策而失利——那个水闸属于伊瑟运河的灌溉系统，原本是为了保证下游地区的安全而建来抵挡洪水的。到 10 月底时，从纽波特向北一直延伸到迪克斯迈德之间的大片区域都被淹没了。渡过这片水乡泽国继续作战的可能性几乎为零，甚至到了 1918 年在该区以内都没有任何有记载的行动。因此，德军的注意力转向了迪克斯迈德以北，并决定尽最后一次努力，在伊普雷斯切开协约国部队的防线。那时，是1914 年。

伊普雷斯第一次会战

这是德军于 1914 年在西线战场发动的最后一波有力攻势。他们本想突破敌方的防线，攻占运河港口，但这一行动却在英国远征军付出了惨重的代价之后以微弱的差距失败了。

事件重点：
时间： 1914 年 10 月 19 日 ~ 11 月 22 日。
地点： 比利时西南部。
结果： 英军在付出了惨重的代价之后，以微弱的优势取得了胜利。从此，堑壕战拉开了帷幕。

埃纳河战役于 9 月下旬结束后，菲尔德·马沙·弗伦奇领导的英国远征军转到英法大军的最左翼，参与了"奔向海岸"运动战。他们的主要任务是保护布伦、加莱和敦刻尔克，保证对英军的补给和支援十分重要的运河港口不被敌方占领，如果可能的话，还应向佛兰德迈进，与比利时军队取得联系。秋末，"奔向海岸"运动战达到顶峰，人数有所扩增的英国远征军于 10 月中旬到 11 月上旬在法国东北的拉巴西和阿尔芒蒂耶与敌军发生了两次冲突。一小部分军队进入比利时南部，在德军占领伊普雷斯 10 天之后将其赶了出去。在这个老式的佛兰德小镇上，英国远征军迎来了德军在 1914 年的最后一次进攻。

德军的目标

德军总参谋长冯·法金汉将军深知运河港口对于英军的重要

性。面对协约国的军队，德国已经失败了太多次，而时间却就快不够了。但如果此时德军能够向伊普雷斯推进并最终占领这块地方，那么英国在这场战争中的未来就不好说了。伍腾堡的阿尔布雷希特公爵领导的德国第四集团军于15日发动了这次进攻。英军使用步枪还击，成功地把敌阵切成了若干小块，但同时也伤亡惨重，其中，伊普雷斯以北和以南地区的英军被迫收缩队形，形成了一个明显的绕城防线。

到了月底，新一波的攻势形成，伊普雷斯东西两侧遭受的火力最猛。31日，第四集团军占领了赫鲁维，穿过了梅尼大道。不过不久赫鲁维又被英法占领。莫西尼斯山脊是一块重要的高地，这块区域和维西查伊斯外的村庄于11月1日被占领，使得绕城防线的区域大大缩小。伊普雷斯的沦陷看来是不可避免的了，德皇威廉二世甚至迫不及待地亲临前线，只为了看到德军占领伊普雷斯的那一刻。但英军的抵抗却在继续，因为赶来的法国援军对此帮了大忙。

为了占领伊普雷斯，德军又发动了两次进攻。讽刺的是，英军经过深思熟虑之后竟想于9日放弃伊普雷斯及其附近的整片地区。这一计划最终被驳回，而德军的攻势却越发猛烈起来。次日，圣埃洛伊失守，但德军第二次试图占领赫鲁维仍旧失败了。德军的最后一击在15日开始后总共持续了一周，最终因双方都精疲力竭和越来越糟糕的天气而结束。

伤亡数字

第一次伊普雷斯会战中，协约国总共损兵折将7.5万余人，英国远征军元气大伤，基本需要彻底重建；德国军队则折损13.5万余人。会战只不过进行了5个月，总体的人员伤亡数字已经上升到触目惊心的地步：比利时有名有姓的伤亡及失踪人员达到了

5 万人，法国为 99.5 万人，德国为 67.7 万人，英国为 7.5 万人。

这一年结束时，法国还在继续进攻，直到 12 月 20 日的第一次香巴尼会战。

每一个参战国都相信自己可以取得一次决定性的胜利，但所有人也都明白：想按照开战之初设想的那样，在圣诞节结束战争是不可能的了。战争的前景完全无法激起英军和德军士兵的斗志，有一些士兵甚至在圣诞节时爬出了各自新挖的战壕，向同样爬出战壕的敌军士兵表示友好——这将双方的将军们气坏了。

1914~1915 年，入侵塞尔维亚

奥匈帝国本想让塞尔维亚为参与了弗朗茨·斐迪南大公的刺杀行动而付出代价，却没料到即便联合了德国和保加利亚一起进攻，自己还是吃了败仗。

奥匈帝国认为塞尔维亚对于弗朗茨·斐迪南大公之死负有直接的责任，并以此为理由于 7 月 28 日对之宣战。次日，塞尔维亚首都贝尔格莱德就遭到了多瑙河上奥军炮艇的攻击；等到 8 月 14 日，陆军元帅奥斯卡·波提柯雷克率领 20 余万士兵穿过萨瓦河及德林纳河，抵达贝尔格莱德以西及以北，塞军部队这才开始行动。奥军的这次行动也是亚达尔河战役的开端。16 日，塞尔维亚的拉多米尔·普特尼克元帅率兵 19 万进行反抗时，发现了波提柯雷克的军队。尽管塞军无论在人数上还是在装备上都比不过奥军，但仍于 21 日打退了奥军的进攻。

略微修整之后，塞军于 9 月 6 日挺进奥匈帝国境内的波斯尼亚。但由于波提柯雷克的军队在接下来的 48 小时内再次渡过德林

纳河，在塞尔维亚侧面建立了据点，普特尼克不得不率部回撤以抗敌军。鏖战十日之后，塞军正面抵抗奥军的这场德林纳河战役因塞军认输而结束。自此，塞军开始退守防御较强的贝尔格莱德西南部。

奥匈帝国失利

补充火力之后，奥军于 11 月 5 日再度发起进攻。而普特尼克那缺粮少弹的部队只好慢慢地再次后退，想等到奥军的供给消耗得差不多时再发起反攻。12 月 2 日，奥军攻占贝尔格莱德，但普特尼克由于获得了法国的支援也已做好了回击的准备。3 日，塞军发动进攻，而此时奥军背后就是泛滥的科卢巴拉河，真正是"背水一战"，塞军没多久就把对方变成了一头困兽。科卢巴拉河战役于 9 日结束，残存的奥军全数撤过多瑙河及萨瓦河。贝尔格莱德于 15 日获得解放，但普特尼克由于在此战中折损了 22.7 万名士兵而遭撤职，取代他的是尤金大公。

塞尔维亚最终失守

1915 年末，塞尔维亚已经不太可能再抵挡住进一步的入侵了。由于罗马尼亚在 6 月份时封闭了其境内通往奥斯曼土耳其的铁道线，急于向奥斯曼土耳其输送给养的德国瞄上了塞尔维亚，想把塞国变成它的第二个物流中心。而塞尔维亚的宿敌——位于塞国东面的保加利亚，也于 1915 年 9 月 6 日加入了同盟国的阵线。很快，德国总参谋长冯·法金汉将军就策划了一次针对塞尔维亚的联合进攻，负责这次行动的就是德国久经沙场的元帅奥古斯特·冯·麦肯森。

10 月 6 日，陆军元帅赫尔曼·科维斯·冯·科维沙扎率领的奥匈帝国第三集团军和马克思·冯·高维茨带领的德国第十一集团军，穿过萨瓦河和多瑙河进入了塞尔维亚境内。5 天后，尼古拉·哲科夫率领的两支保加利亚军队向西攻入塞尔维亚，直取尼什和斯科普里。普特尼克不得不带领队伍在深冬时节艰难地撤到黑山地区。为了这次撤退，他又折损了差不多50万兵力。最终，塞军的幸存者们搭乘协约国的战舰于1916年1月抵达科孚岛，打算不久后在协约国占领的萨洛尼卡继续战斗。自此，塞尔维亚和黑山及其邻国阿尔巴尼亚落入同盟国之手，直到1918年才被解放。

俄军入侵东普鲁士

俄国利用急行军出其不意地突袭了德国驻东普鲁士的守军。俄军的到来让奉命镇守德国敏感地区的将军顿时胆战心惊。

事件重点：
时间：1914年8月15~23日。
地点：德国东普鲁士省。
结果：面对俄军一次试探性的进攻，当地的德军指挥官表现得惊慌失措。

施里芬计划从制订之初就经常改来改去，究其目的不过是为了防止德国陷入东御俄国、西敌法国这种"蜡烛两头烧"的局面。但这个计划所依据的基本假设却根本就是错误的，在这个假设中，俄军的速度会很慢，慢到德国可以先集中大部分兵力对付法国，只需分一点点心思来照料自己的东线。1914年，在对该计划进行最后一版修订时，德国人终于认识到俄军的速度可能会比之前预计的快，这也是后来他们在东线多布置了一些兵力的原因。这样一来，东线的德国守军就由原来总数的10%上升到了15%。

俄国的计划

尽管德国已经对俄军的速度重新进行了评估，但事实证明这个估算结果还是错了：1914 年 8 月上半个月，俄军已经聚集在了德国东普鲁士和奥匈帝国的加利西亚国境线一带，速度之快实在让同盟国的指挥官震惊不已。具体来说，沙皇尼古拉二世 7 月 30 日签署部队动员令，俄国大军 8 月 4 日起程，8 月 15 日时已基本各就各位。

俄国在东普鲁士的战略是：尽快发动进攻，以免德国在打败法国之后有时间掉头东袭。因此，他们迅速地布置了两个集团军发动入侵攻势。虽然东普鲁士在地理位置上是突入俄国版图的一块"半岛"，但实际可行的进攻路线却只有两条，该地区以北和西南部是分别环绕着加里宁格勒和土伦的两处非常坚固的防御工事，俄军既没法绕道通过也没办法在短时间内就把它们给攻克了；而任何侵入者一旦进入到该地区中部，则必然要面对根本无法穿越的马祖里湖——何况德军还在这一带新修了很多防御工事来加强守势。别无选择的俄军只好兵分两路，分别从东面和东南面开始袭击东普鲁士。但是，由于两路军队各有领导，加上相互之间距离遥远，要协同作战的难度其实非常大。

拥兵 15 万人的俄国第一集团军由保罗·冯·连涅卡姆普夫指挥，从东面进攻；而亚历山大·萨桑诺夫则利用马祖里湖作掩护，把他的第二集团军布置在了东北面的进攻点上。这两个集团军总共有 29 个师，德国马克西米连·冯·普利特维茨带来抵抗他们的德国第八集团军却只有 13 个师。连涅卡姆普夫率领第一集团军负责引诱普利特维茨的部队朝他们的方向前进，这样，萨桑诺夫就可以在两天后带兵绕到德军身后，从而把德军部队"钳"在俄军的控制之中。这个计划看起来很周详，但就俄军落后的装备和毫无章法的补给运作来看，显然连涅卡姆普夫和萨桑诺夫是过于乐观了。

俄国的早期胜利

尽管如此，俄国第一军团的士气却很快就得到了鼓舞：在进入东普鲁士不久，俄军就于 17 日在斯塔鲁普伦挫败了一次德军的突袭；三天后，又在贡比涅打退了敌人一次更大的进攻。普利特维茨痛心疾首，在没有得到批准的情况下命令军队撤至维斯瓦河，这个举动无疑代表着他已经放弃了东普鲁士的大部分地区。不过普利特维茨的上司很快就撤销了他的这一指令，并安排保罗·冯·兴登堡将军和埃里克·鲁登道夫将军取代了他的职位。

骑兵

战争刚爆发时，每一支军队都拥有相当多的骑兵。虽然骑兵的地位在西线战场上仅位列第二，但在其他地区他们却表现优异，特别是在巴勒斯坦的战场上。

战争之初，每一支军队都有骑兵，有的甚至为数甚众。俄国的骑兵有 29 个师，多得令人咋舌；同等编制的骑兵师在德国有 11 个，而法国和英国则分别只有 10 个和 1 个。但这些骑兵在 1918 年时已经几乎和所有的战斗都没关系了。将军们原本指望还能看到一些传统的作战场景，譬如说两队骑兵互冲，一方骑兵骑着战马追击溃不成军的敌人之类。实际上，绝大部分骑兵确实是带着他们的宝剑或者长矛在马背上走向战场的，但也有很多人已经开始学着翻下马背，使用现代化的武器作战了。

西线战场

从 1914 年末战争的主要形式从运动战转为堑壕战开始，西线战场上的骑兵就基本上只能当"板凳队员"了。不过回首开战之初，骑兵倒也是在战场上亮过相的：9 月 6 日，英国第九枪骑兵兵团就曾负责进攻蒙赛尔的德国第一龙骑兵护卫队，不过这一仗却没给骑兵作战带个好头。几天之后大约 70 名德国骑兵在法耶斯负责应付第十八轻骑兵师的一支徒步的骑兵中队，结果吃了不少步枪枪子儿——实际上，进攻方所有人非死即伤，没一个不挂彩的。受此战影响，接下来三年左右的时间里，骑兵就只好一直龟缩在后方，等待机会一雪前耻，但这个机会却永远不会来临了。泥泞的战场，突突作响的机关枪，挂满倒刺的铁丝网……所有这一切对于骑兵来说没有一样不是束缚他们手脚、妨碍他们战斗的桎梏。

1918 年，野外作战再次走上舞台，但骑兵却遭到了大规模的削减。许多骑兵部队被解散，士兵们则被分散到了其他编制的部队之中继续服役；剩下的骑兵也很少再跨上战马驰骋疆场，反而经常步行作战。英国还曾经设想让骑兵和轻型坦克联合作战，结果却失败了。坦克跟不上骑兵的速度，而冲到前面去的骑兵没有坦克的防弹功能，根本就扛不住敌军机关枪的扫射。

其他战场

但在西线战场之外，骑兵部队却长时间地频繁露脸。奥匈帝国、德国和俄国在东线战场上都布置了很多骑兵，毕竟这里的战场实在太开阔了，从波罗的海修一条战壕直达罗马尼亚边境也太天方夜谭了点。所以，这里的战斗要比西线战场"动感"得多。

最大规模的骑兵作战发生在巴勒斯坦。英国皇家部队在这里布置的大量骑兵中也包括来自澳大利亚和新西兰的队伍。这些骑兵惯于骑马冲入敌阵后下马砍杀，最有代表性的就是 1917 年末比尔谢巴之战中的澳大利亚第二和第三轻骑兵旅。与此战役同一天，另两支骑兵部队——澳大利亚第四及第十二轻骑兵旅冲击了他们阵营前方两条长约 2750 米的奥斯曼土耳其战壕。这些澳大利亚骑兵没有配备宝剑，所以他们是拔出刺刀向敌军冲去的。看到这一幕奥斯曼的土耳其守军几乎全部拔腿就跑，实在是被吓得够呛。

到 1918 年为止，协约国在巴勒斯坦的骑兵兵团包括了来自澳大利亚、新西兰、英国本土、印度和法国的若干骑兵部队。作为英国盟友的阿拉伯的军队，在对抗阿拉伯半岛的奥斯曼土耳其军队，以及进入巴勒斯坦时，几乎全部是骑着战马或者骆驼的。

坦能堡战役

1914 年 8 月下旬，德军在坦能堡取得的胜利可以用兵贵神速来解释：他们利用铁路迅速地穿过了东普鲁士。这样，看似强大却相互无法呼应的两支俄国部队才会被一一击破。

事件重点：
时间：1914 年 8 月 26~30 日。
地点：东普鲁士东南。
结果：德国军队在短短几天内就摧毁了俄国第二集团军，取得了压倒性的胜利。

俄国于 1914 年 8 月开始入侵东普鲁士。但自从在 20 日经历了连涅卡姆普夫的第一集团军在贡比涅的小胜之后，他们的军事行动却渐渐误入歧途。连涅卡姆普夫本想继续威胁他前方的德国第八集团军，而萨桑诺夫的第二集团军此时却从东普鲁士东南开始进军。连涅卡姆普夫的迟疑引起了德国第八集团军行动指挥官马克思·霍夫曼的注意，于是霍夫曼制订了一个大胆的计划：先破敌一，再破敌二。第八集团军行动总指挥冯·兴登堡及其副手鲁登道夫，在 23 日抵达前线时采纳了这个计划。

德军挺进

既然连涅卡姆普夫根本不动弹，德国第八集团军干脆只留下一些骑兵打掩护，将 1/4 的部队用火车急速送往东南方向以突袭萨桑诺夫军团毫无防备的左翼，又派出两股各占集团军总数 1/4 的部队从贡比涅向南进发以控制该军团的右翼，剩下的兵力则留守坦能堡附近的一个小镇——这里是萨桑诺夫进军途中的必经之地。俄国第二集团军于 22 日越过了坦能堡地界，并在接下来的 6 天里继续挺进，但此时他们已经因为过于深入而给养不足了。

26~27 日，德军开始进攻萨桑诺夫的两翼，不到三天就摧毁了这支孤军奋战的部队——萨桑诺夫麾下的 23 万名士兵中，有超过一半或死或伤或被俘，战败的萨桑诺夫则躲进了森林，并于当月的最后一天自尽。因兴登堡在坦能堡战役中只损失了不到 2 万名士兵，德国国内将这场胜利称为"坦能堡大捷"，"兴登堡"和"鲁登道夫"这两个名字一时间家喻户晓。对英法而言，这场战役无疑是一场灾难，但俄国却仍然拥有募集大批军队和粮草的实力。

新一轮进攻

如果说与萨桑诺夫的对阵还是处于自卫的话，那么德军接下来就要发动一场真正的进攻，来铲除连涅卡姆普夫的部队——这个东普鲁士的最后威胁。为此，9 月初，大批德军士兵被及时地从西线战场拉了过来，也正是这次调兵最终毁了施里芬计划。第一次马祖里湖会战于 9 月 7 日打响，后知后觉终于开始深入东普鲁士的连涅卡姆普夫遭遇了德国第八集团军。德军对其右翼猛烈攻击，并成功地在马祖里湖南部切开了俄军的防线。就在德军的包围圈就要合拢之际，连涅卡姆普夫却从缺口处率军撤退了。

这场战役只让兴登堡尝到了一点点甜头，离打垮俄军还差得很远。到 13 日时，德军不仅人困马乏，而且供给也已经严重不足。此时的连涅卡姆普夫却已经安全地退回到尼曼河彼岸，与俄国第十集团军会合，战斗力大大加强。9 月 25 日，俄军主动出击，尼曼河战役打响。三天之后，兴登堡在激战之中决定放弃进军。此时，俄军伤亡 12.5 万余人，而德军也不相上下，自 8 月起在东普鲁士伤亡或失踪的人差不多达到了 10 万。但是，东线战场北部战区的基本情况却并没有因为血流成河而有什么大的改变。

波兰和加西利亚境内的军事行动

开战之初，奥匈帝国对俄国发起了一次并不成功的攻击，这次失败导致他们必须向德国求助才能逃过东线溃败的命运。

奥匈帝国总指挥——陆军元帅弗兰兹·康拉德·冯·洪森多夫在战争刚开始时就组织了三个集团军集结到加西利亚，妄图对俄属波兰的南部发动一次猛烈的攻击。当时，负责镇守波兰的是尼古拉·伊万诺夫的西南集团军群。8 月 23 日，康拉德命令部队向 320 千米远的前线进发。头两天里，奥军的维克多·丹克尔将军率领第一集团军在北面的卡拉斯尼克战役中挫败了俄国第四集团军。而在 8 月 26 日至 9 月 1 日的扎莫希奇 – 科马罗战役中，文策尔·冯·普里赫夫将军的俄国第五集团军则被奥军的陆军元帅莫里茨·奥芬博格率领的第四集团军逼退。

俄国的胜利

南面的战局就很不一样了。两支俄国部队狠狠地给了奥匈帝国第三集团军一些教训，而这支奥国部队才刚由从塞尔维亚退下来的第二集团军增援过。第三集团军在 8 月 26~30 日的尼拉尼帕战役之后，被迫朝着利沃夫要塞的方向退却，却又在 9 月 3~11 日的拉瓦·卢斯卡亚战役中被俄军再次重挫。最终，利沃夫失守，奥匈帝国大军后撤 160 千米，退守喀尔巴阡山脉。随着越来越多的俄军抵达北部战区，奥国第二、第三两支集团军只好再次撤退，以致加西利亚大部落入俄国之手，唯有普里奇斯米尔要塞幸免于难。

眼看着俄国就要借道俄属波兰直插德国重要的矿产工业区西里西亚，德国终于坐不住了。保罗·冯·兴登堡将军的第九集团军依靠便捷的铁道系统于 9 月末集结到了克拉科附近。28 日，兴登堡在波兰西南发动了一场掠夺战，但却于 10 月 12 日反而在伊万戈罗德被更为强大的俄军克制。奥军很快就撤退了，但他们的行动却拖延了俄军入侵西里西亚的准备工作。11 月 1 日，兴登堡的行动的奖赏来了：他被提升为陆军元帅、东线战场的总参谋长，并由鲁登道夫担任他的副手。

德军由于缺乏后援而无法继续进攻，此时鲁登道夫想出了一个以快速调兵为中心的大胆计划。他用火车把即将归由奥古斯特·冯·麦肯森将军领导的第九集团军悄悄地运到了跟波兰接壤的西北边界，因为这里的防守相对薄弱。11 月 11 日，麦肯森率军向东南方的罗兹发动进攻，在连涅卡姆普夫的第一集团军与施奇德曼的第二集团军之间来回奔波作战。连涅卡姆普夫的左翼由于延伸得太广而受到了攻击，他们的将军也很快就被这次袭击给弄晕了。但就在第二集团军即将陷入包围圈时，普里赫夫的第五集团军却及时赶到，解除了威胁。11 月 25 日，战斗在胶着僵持之中结束。

德国挑大梁

罗兹战役以俄国小胜而结束，但胜利的果实却被德国窃得。由于 180 万人的伤亡实在太过惨重，加上此时各种物资都短缺得厉害，俄国的总司令尼古拉大公于 1914 年底放弃了对西里西亚的进攻。在此之后，俄国也没有再对德国发出过任何入侵威胁。德军最高指挥官在损失了 27.5 万名士兵之后，看着伤亡上百万人的奥匈帝国，终于认识到：这个盟友根本就靠不住。无奈之中，德军只好肩负起领导东线战场的重责大任。

中国和太平洋地区的军事行动

德国在太平洋和远东地区的那些殖民地离德国本土实在太远了，而依靠其自身的火力根本就无法在这个乱世之中躲开战火的侵袭。开战的头几个月里，这些殖民地就纷纷被协约国派出的军队占领了。

在征服海外殖民地时，德国就从来不曾与英法搭伙过。1914年时，德国不仅在非洲占有一席之地，控制了新几内亚的一部分，还将太平洋的许多小岛改造成了煤炭供给地和无线电站台。但德国最重要的属地却是中国山东半岛的青岛。这个地方是 1898 年作为路德教传教士谋杀案的赔偿物落到德国手中的。第一次世界大战爆发前，这里是强大的德国海军在欧洲以外的第二个"家"。该港口有一支4000人的守军，但最主要的防守力量却是由两艘铁甲舰和五艘轻巡洋舰组成的太平洋舰队。战争爆发时，该舰队的任务是袭击英国船只，破坏海底通信电缆。

青岛被围

德国在太平洋地区选择的战略位置其实很糟糕。这里离德国太远，根本无法获得任何火力支援，而对其虎视眈眈的敌人倒是不少。法国在中南半岛有一个军事基地；英国在这里则拥有包括香港在内的许多港口基地，数不清的战舰随时候命；太平洋西南部的澳大利亚和新西兰也跟德国举戈相向；最大的威胁则来自于妄图建立大东亚帝国的英国盟友——日本。日本政府知道德国根本无力保护青岛，于是要求德军在8月15日那天撤离该港。德方拒绝了这个要求。8天后，日本对德宣战。

8月下旬，大批日本舰队封锁青岛。9月2日，第一支日本军队登陆山东半岛，开始包围行动。此时，攻守双方的军力悬殊，日军和英军分别派出了2.4万人和1300人的队伍对约4000人的德军进行包围。协约国的战舰和野战炮向守军开火，但由于天气很糟糕，加上守军很顽强，所以整个战斗进展缓慢。11月初，英日联军终于打到了守军的最后防线。11月7日，青岛沦陷。

德国在太平洋的其他据点，比如加罗林群岛、马里亚纳群岛、马绍尔群岛、帕劳群岛、萨摩亚群岛、所罗门群岛中的部分岛屿及新几内亚，很快也都落入了协约国的手里。澳大利亚和新西兰的军队不费一枪一弹就占领了萨摩亚群岛，英军在解决了一小股反抗势力之后则占领了所罗门群岛的那部分德军地盘。日本于11

月占领了马绍尔群岛。1914 年 12 月，德军实际上已经失去了其在太平洋地区的所有殖民地，而德军的东亚中队在一开始获得了一些胜利之后，在福克兰群岛之战中严重受挫。

"埃姆登"号在行动

9 月 8 日，德国的一艘轻巡洋舰"埃姆登"号离开大部队，在印度洋进行了一次短暂却轰动一时的商船袭击行动，随后在该区域内击沉了总重约 70000 吨的战舰或商船。22 日，"埃姆登"号袭击马德拉斯；之后，击沉俄国旧式巡洋舰"珍珠"号；10 月 28 日，又击沉了法国驱逐舰"莫斯奎"号。但"埃姆登"号的表演就到此为止了。协约国先后派出了约 14 艘战舰对其穷追不舍，"埃姆登"号的补给船在战火中一艘接一艘地沉入了海底。11 月 9 日，比"埃姆登"号更强大的澳大利亚巡洋舰"悉尼"号截住了它。在印度洋南面的迪莱克逊岛附近，双方短暂交火，"埃姆登"号被一艘首次参战的澳大利亚战舰用远程炮击沉。"埃姆登"号的大部分船员被俘，但其中有 50 人因为在开战时已经上岸，所以不久就打道回府了。

海上袭击舰

德国皇家海军企图利用海面舰船来破坏英国遍布全球的海上贸易线路，没想到，他们派出的船只在开战的头几个月里大多却不是被击沉就是被敌军扣留，再不然就直接失踪了。

1914 年，各国海军都打好了如意算盘，要通过破坏敌人的海上贸易，控制其商船来搅乱对方的行动。当时，潜水艇还不算是正式的作战工具，偶有一两艘投入使用的也没有环球作战的能力。所以，各家都选择了其他航海工具来完成这项任务——有的是专门建造的战舰，也有的是从民用船只改造而来。最有名的三类分别是商业袭击舰、武装商船巡洋舰和辅助性商业袭击舰。大多数战舰的作战地点都远离本土，主要依靠殖民地，特别是指定的货船和中立国的港口来获取补给。

商业袭击舰

德国的 8 艘商业袭击舰中，有 7 艘属于太平洋舰队，常年在太平洋海域执行任务，另有一艘"卡尔斯鲁厄"号负责西印度群岛。1914 年 12 月，太平洋舰队在福克兰群岛之战中损失了 4 艘战舰。随后，1915 年 3 月，第五艘战舰"德雷斯顿"号被击沉。舰队剩下的两艘战舰也没撑多长时间。"埃姆登"号于 1914 年 8~11 月在西南太平洋和印度洋海域转了一圈，收获颇丰，最后栽在澳大利亚巡洋舰"悉尼"号的手上。

另一艘幸存的战舰"哥尼斯堡"号则驶往西印度洋，企图利用苏伊士运河来弄沉协约国的船只。但它刚击沉两艘船，英军就发现了其在德属东非鲁菲吉河三角洲（现属坦桑尼亚）的藏身之处。为了防止有人脱逃，英军凿烂了一艘旧船堵住河口，然后又用火攻战术重创了"哥尼斯堡"号。1915 年 7 月 11 日，德军太平洋舰队最后一艘战舰沉没了。

而被布置在西印度群岛的"卡尔斯鲁厄"号于开战后不久就在大西洋中部击沉了三艘敌船。之后，在 1914 年 8 月 31日 ~10 月 14 日，它航向大西洋南部，那里有它的 14 艘补给船。接着，"卡尔斯鲁厄"号驶入加勒比海，想穿过巴哈马实施袭击，结果却在停泊期间于 11 月 4 日由于内部发生不明原因的爆炸而"报销"。

武装商船巡洋舰

武装商船巡洋舰（AMCs）通常都是为了作战需要，由高速渡轮附加武器改造而来。英法德三国都有这类舰船，其中英国的数量最多，英军负责保卫英国与冰岛之间海域的第 10 舰队直到 1917 年都还有 20 艘武装商船巡洋舰。但由于协约国的这种巡洋舰在水雷和鱼雷面前都很不经打，所以每逢遇上攻击，总是损失惨重——最终，英国和法国分别损失了 12 艘和 13 艘武装商船巡洋舰。从 1916 年开始，剩余的同类舰船纷纷被改造为运兵或是救护之用。

但德国对这种舰船的运用却别树一帜，他们以之来攻击敌国商船，不过效果并不理想。不少武装商船巡洋舰都"命短名长"。比如曾击沉过若干船只的高速渡轮"恺撒级威廉大帝"号，它最后是被自己的船员凿沉的，因为之前英国的"翱翔者"号在西班牙的摩洛哥海域重挫了该舰，使之失去了战斗能力，当时是 1914 年 8 月 26 日；又比如"特拉法尔加角"号，击沉它的也是一艘武装商船巡洋舰——英国的"卡玛尼亚"号。而"弗里德里希太子"号和"威廉皇储"号则是被美国在 1915 年 3 月和 4 月分别击沉的。

武装商船袭击舰

辅助型的商业袭击舰是以原民用轮船为基础，添置隐藏武器改造而成的。德国经常把辅助布雷舰改造成斯堪的纳维亚货船的样子，挂着中立国的国旗招摇过市。第一次世界大战中经过这种改造的船只大概有 10 艘为德国服役，而且大部分的战绩都还不错。

"莫威"号是这种舰船中最负盛名的一艘。该舰在两次突围行动中共击沉了 34 艘商船，而在 1916 年 1 月，英国前无畏舰"爱德华七世"号也是被它的水雷击中沉没的。

德国的西非殖民地

德国在西非三个殖民地的布防都很薄弱，而德军能够给它们提供的支援也几乎为零，加上这三个地方周围全是协约国的地盘，很自然的，没多久这些殖民地就沦陷了。

德国建立殖民帝国的野心在 19 世纪算是来得晚的，等其撸起袖子准备大干一场的时候，世界早就已经被以英法两国为代表的欧洲列强瓜分得差不多了。所以在大战爆发时，德国占领的地盘不过是太平洋西南部的一些小岛，中国出让的青岛港还有在非洲的四块殖民地——其中有西非的多哥兰（即多哥）和喀麦隆，德属西南非（即纳米比亚）和德属东非（包括布隆迪、卢旺达和坦噶尼喀大部）。德军占领这些殖民地是在 1884~1885 年，但到 1914 年为止，尽管德军在当地布置了很多有用的港口设施和重要的无线电站，以便拦截协约国的通信信息并反馈给柏林，但这些地方的防御仍然非常薄弱。

协约国的优势

德国的西非殖民地不仅离德国本土非常遥远，而且还被协约国的殖民地团团包围，对于协约国来说，实在是非常理想的进攻对象。战斗打响了，第一批受害者包括多哥兰、西南非和喀麦隆。法国控制的达荷美（即贝宁）和英国控制的黄金海岸（即加纳）基本上把多哥兰给围了个结结实实，协约国只派出了 300 人的正规军和 1200 人的民兵部队就攻下了这个地方。作为当地人出身的守军将领放弃了易攻难守的海岸线，向内陆撤退，抵达卡米亚的无线电站。在这里，他们于 1914 年 8 月 22 日打退了英法联军的一次进攻，但无线电站最终还是被赶来的协约国大军给摧毁了。4 天后，残余的德国守军全部投降。

德属西南非的处境也好不了多少。亲英派南非联邦和英属贝专那保护国（即博茨瓦纳）分别横在其南面和东面，而其北面则是安哥拉——该地属于战时中立但明显亲英的葡萄牙。尽管斯瓦科普蒙德和路德利兹两个港口有战略上非常重要的无线电站，但 9000 名守军还是很快就放弃了它们，并集结到内陆首都温得和克。

1914 年间，协约国军队于 9 月 19 日和 12 月 25 日先后登上了瓦科普蒙德和路德利兹两个港口。南非的军队于 9 月 26 日在桑德方丹被彻底击溃，但实际的全面进攻却到 1915 年才开始。进攻延迟的原因是南非爆发了亲德反英的布尔人叛乱，而这场叛乱直到 1915 年 2 月才被镇压。4 月 26 日，协约国的简·克里斯蒂安·斯穆茨将军领导一个纵队向路德利兹以东突进，并转而北上在吉比恩击败了德军。而路易斯·博萨将军的第二纵队从瓦科普蒙德出发，于 5 月 17 日攻下了温得和克。德国殖民地的最后一支守军于 7 月 9 日在楚梅布投降。

喀麦隆

喀麦隆的卫戍部队是在协约国的包围之下坚持得最久的。1914 年 8 月，协约国军队从很多地方同时进攻喀麦隆；9 月，联军占领了杜阿拉港及其无线电站。德军指挥官在战役中逃回了内陆。1915 年，为了追捕他，协约国派出了三支纵队。当年的军事行动基本都进展得很慢，直到 1916 年 1 月，圆德镇的沦陷终于宣告了战斗的结束。约有 800 名德国士兵和 7000 名民兵逃进了西班牙殖民地里约穆尼。作为德军最后阵地的北部小镇莫拉，最终还是于 1916 年 2 月 18 日有条件地向协约国军队投降了。

北海海战

1914 年，虽然英德海军之间并没有爆发大规模的武装冲突，但双方却都曾在大战之初的海战中赢得过一些值得骄傲的胜利。

作为皇家海军主力的英国大舰队，在开战之初即于英格兰东南部、苏格兰和奥克尼郡东部的重点海防地段各就各位。与此同时，他们的劲敌——德国大洋舰队——则集结到了基尔和威廉港。且不管当时的舆论导向如何，两军其实都是不想产生正面冲突的。英军不希望自己在军备数量上的优势因为受到鱼雷或水雷的攻击而有丝毫折损，而德军则不想让这种差距因为冲突的爆发而进一步拉大。不过话又说回来，如果能保证出兵的结果对自己有利，那他们双方又当然都是愿意发动进攻的了。

第一次正式的海上冲突爆发于 1914 年 8 月 28 日。当天，英军巡洋舰突袭了德军所辖的海域，试图吸引德国皇家海军战列舰的注意，进而将之引诱到英国海军副司令大卫·比蒂麾下战列舰的射程之内。但英国没有料到的是，德国的战列舰要比英国的那艘出任"诱饵"的巡洋舰要强得多，黑尔戈蓝湾海战的进程也因此并没有按照英军的计划发展下去。不过万幸的是，比蒂在关键时刻指挥战列舰匆匆赶到，挽救了危局。最终，德军的轻型巡洋舰"阿里亚德尼"号、"科隆"号和"美茵兹"

号以及一艘驱逐舰被击沉，而英军的"阿里苏萨"号（或称"水神"号）也被重创。

潜艇作战

为了避免损失过大，德皇威廉二世下令限制海上舰艇的行动——潜水艇除外。实际上，威廉二世在8月6日就曾给过潜艇部队一道特许令，允许他们有节制地利用鱼雷发动一些进攻。可惜，潜艇部队的战绩并不理想。在获准对商业船只采取行动后的第三天，德军的U-15号潜艇就在北海海面遭到了英国战列舰"伯明翰"号的撞击，并被敌方俘虏。在那之后，直到8月中旬英国远征军横渡英吉利海峡期间，德国潜水艇也没能再击沉任何一艘运兵船。

9月，德国潜艇部队的表现终于有了小小的进步。9月5日，英国皇家海军巡洋舰"探索者"号被德军U-21号潜艇发射的鱼雷击中，在福斯河湾沉没。

但德军并没有从这次胜利里捞到更多的好处。为了保证英军安全地横渡海峡，主要由驱逐舰和巡洋舰组成的英国战列舰队开始在北海海面巡逻。后来，恶劣的天气迫使舰队中的驱逐舰退回港口，但巡洋舰却一直坚守岗位。

韦迪根的胜利

22日，"阿布基尔"号、"克莱西"号和"霍格"号等三艘服役时间较长的巡洋舰在沿着荷兰海岸线低速北上时，被德军奥托·韦迪根舰长指挥的U-9号潜艇击中。首先中弹的"阿布基尔"号在30分钟之内就沉没了，而另外两艘军舰却傻傻地不懂闪避也不去反击，只顾着守在那里搭救沉船上的生还者。为了"表彰"这种团结友爱的精神，德军分别给了它们一记鱼雷作为"奖励"。

这三艘旧船其实不值几个钱，本来沉了也没啥大不了的，但问题是一艘德国潜艇一下子就干掉了三艘英军战船，而且有 1400 名水手在这次事件中丧生，这对于英国公众来说实在是接受不了。英国皇家海军舰队司令们因此受了不少的连累，于是恼羞成怒地立即制订了若干反潜艇作战的计划。

德国海军中曾有不少人对潜艇一直抱持着怀疑的态度，而 U-9 潜水艇的成功正好为他们证明了这种武器的作战能力。不过，这能说明的问题也是很有限的。在这一年里，共有 100 艘协约国或中立国的货船被击沉，其中只有 4 艘是被潜艇干掉的，另有 5 艘潜艇在战斗中失踪。虽然此时的潜艇还不过是战争大棋盘上的小卒一枚，但在之后的战争中，它们将会变成非常优秀的商船狙击者。

防潜栅

开战之初，英国曾为如何对付德军的潜艇而焦头烂额。后来，英国在海床上设置了很多钢丝网以求困住德国潜艇，而水雷和高速战舰则会趁着潜艇被困的当口把它们炸上西天。

战争在 1914 年 8 月刚爆发时，世界上还没有任何舰载武器可以对沉入水下的潜艇造成任何伤害。英国人特别害怕这种水下战舰，因此早早地就开始修筑他们的海底防线，就是在海底修些栅栏，打造所谓的"防潜栅"。栅栏困住的潜艇一般还剩两种选择：或者浮上水面来，接受敌军海上炮火的轰击或对方战舰的冲击；或者小心翼翼地在栅栏上拴着的水雷之间穿行，能不能躲过一劫完全看造化。当时德军有两个潜艇基地，一个在德国本土，一个在被他们占领了的比利时。无论其潜艇是从哪一个基地出来巡逻，或是要回哪一个基地去，要么就得穿过英吉利海峡，要么就得穿过北海，绝对没有第三条路可走。而防潜栅最成功之处即在于把这两条道都给堵了，让德军没有办法在东大西洋的海域之内肆意妄为。

堵住通道

1914 年 8 月，为了保护开往法国的船队不受攻击，英军把他们的第一道栅栏修在了多佛和比利时的海岸线之间。由于第一阶段的工事看起来不是很结实，英军又于次年 2 月在多佛和奥斯坦德之间加修了 25 千米长的栅栏。在这条防线里，有一道足有 100 米长的"指示网"，在其范围之内的海床上，还根据深度的不同固定了许多的浮标。潜艇撞进这个区域之后，有可能就会被网子缠住而不得不浮上海面；而如果该潜艇试图从水下悄悄撤退，那也一定会扯掉网子表面的一些浮标——这时，高速战船的雷达将对这些浮标做出反应，进而以之作为定位器，然后要么瞄准敌军潜艇向其开炮，要么直接撞过去逼它浮上海面来。

渐渐地，这种防御系统开始得到了大面积的使用，而水雷的加盟则让之彻底脱离了简单防御的水准。早期的触发性水雷可靠性比较低，潜艇的舰长们可以趁着夜色指挥潜艇从栅栏上面偷偷地翻过去。但多佛防线还是颇为成功的。在 1915 年 4 月后的 12 个月里，德国潜艇被这些栅栏烦得要死。他们用尽了优质水雷、频繁的夜间巡航和功率全开的探照灯等各种手段，但却没有有效的解决办法。在多佛的海下防线至少让 12 艘潜艇报了销之后，1918 年 8 月，心灰意懒的德国海军终于彻底放弃了走这条通道的打算。

但经由北海进入北大西洋的水下海路却直到 1917 年 7 月才被

堵住。美国海军高级将领、舰队司令亨利·梅奥建议在奥克尼郡和挪威的海岸线之间修建一条巨型防线，并宣称美国的新型磁性水雷可以直接炸掉所有闯入其磁场范围的潜艇——这可比触发性水雷强多了。1918 年 7~10 月，约有 69000 枚这种水雷被埋到了海底（其中有 80% 的工作是由美国海军承担的），从此情况来看，梅奥实在是一个了不起的推销员。只不过，这些水雷有据可查的贡献也不过是炸沉了区区三艘潜艇而已。

奥特朗托防线

鉴于奥匈帝国和德国在亚得里亚海北部及东部都有海军基地，协约国把第三道防潜栅的工地选在了地中海，想以之阻止上述两国的海面舰队及潜艇部队进入这片海域。这条防线从 1915 年底开始动工，由意大利靴状领土"鞋跟"处的位置开始，横跨整个奥特朗托海峡，一直延伸到了阿尔巴尼亚的法罗拉。但是这条 100 千米长的防线却一直没能发挥其真正的防御功能，无数船只在它上方来往穿梭，从头到尾就只有一艘潜艇毁在这里。

科罗内尔和福克兰群岛

1914 年，英德两国在南大西洋和东南太平洋上行动着的海军舰队各自迎来了其命运的转折点：福克兰群岛一役后，英国舰队取得了最终的胜利。

除了一小批在海外的战舰外，德国皇家海军的大部分舰船在战争爆发时都停泊在母港内，这其中包括了各种巡洋舰、武装商船、负责袭击协约国船只的辅助型商业袭击舰，以及停泊在普拉的一支小型地中海舰队，等等。而海军上将麦斯米兰·冯·斯佩指挥的东亚舰队无疑是这些武装力量中最为强大的一支。这支舰队以中国的青岛为根据地，包括了"格奈森瑙"号和"沙恩霍斯特"号两艘装甲巡洋舰，"德雷斯顿"号、"埃姆登"号、"哥尼斯堡"号、"莱比锡"号和"纽伦堡"号等5艘轻型巡洋舰，以及其他若干的补给船只。按照斯佩的指令，舰队在太平洋上巡游，以期在返回德国前尽可能多地袭击一些英国船只。

商业袭击

开战之后的头两个月里，斯佩舰队的轻型巡洋舰一直采取独立作战的方式，利用德国在太平洋地区占领的岛屿获取补给、发送无线电情报。传递的情报内容包括了可发动袭击的目标，袭击他们的英舰数量之类的信息。在 1914 年 11 月和 1915 年 7 月 "埃姆登"号和"哥尼斯堡"号先后沉没之前，它们一直都在进行袭击商船的活动。舰队剩余的船只于 1914 年 10 月 12~18 日在复活岛重新组队后，开始向南美洲的西海岸进军。英军利用无线电解码技术破译了德军在东南太平洋的大概位置，而摧毁斯佩舰队的重任，就落在了以福克兰群岛为根据地、受海军少将克里斯多夫·克拉多克领导的南美舰队肩上。

科罗内尔之战

克拉多克一共带了 4 艘军舰出战，包括装甲巡洋舰"好望"号和"蒙斯莫"号，轻型巡洋舰"格拉斯哥"号，以及武装油轮"奥特朗托"号。不过，除了"格拉斯哥"号之外，克拉多克麾下的战舰全是经年老舰，不仅行动迟缓，而且装备也远不及对方。两支舰队最终于 11 月 1 日在智利港口科罗内尔狭路相逢。"奥特朗托"号受命即刻撤离，虽然其他三艘军舰的射程也比不上德军，但克拉多克还是让它们全部投入了战斗。结果，"好望"号和"蒙斯莫"号还没挺够40分钟就已经变成了一堆烧红的废铁，不久即告沉没，两舰船员无一生还。"格拉斯哥"号也5次受袭，所幸最终得以逃生。但斯佩舰队在这场战斗中却毫发无伤。

克拉多克的惨败很快就在英国国内引起了轩然大波，愤怒的人们叫嚣着要让负责此战的人统统卷铺盖滚蛋。英国海军部长、海军上将温斯顿·丘吉尔和皇家海军的政治领袖、海军上将路易斯王子此时都成了众矢之的。其中，路易斯王子出生于德国巴腾堡，所以他又由于自己的背景而遭到了特别尖锐的攻击。最终，丘吉尔在极大的舆论压力之下挺了过来，路易斯王子则受背景的连累而遭撤职，取代他的是海军上将约翰·费舍尔。

对斯佩的复仇

英国为了报仇，特别派出了一支战斗力极强的舰队前往福克兰群岛。这支舰队中，不仅有包括"格拉斯哥"号在内的三艘轻型巡洋舰、两艘装甲巡洋舰和一艘武装商船，还有战列舰"不屈"号和"无敌"号。但斯佩对此却一无所知，更于12月8日向福克兰群岛的斯坦利港靠近，试图摧毁该港的战略设施，而此时德军的战船速度及武器装备都已不及英军。在英国海军中将斯特迪所率舰队的围困之下，斯佩只能伺机突围以求脱困。怎奈英军火力实在太过猛烈，没多久斯佩的"沙恩霍斯特"号和"格奈森瑙"号即被击沉，"纽伦堡"号和"莱比锡"号随后也沉入大海。"德雷斯顿"号虽然当时得以逃脱，但三个月后也终究难逃一劫——德国东亚舰队就此终结。

战列巡洋舰

在海军上将费舍尔的提议之下，英国皇家海军开发了一种新级别的战船——战列巡洋舰。这种战舰有着可以媲美无畏舰的武器装备和比巡洋舰更快的前进速度。但后来的实战证实了这一尝试是有缺陷的。

在战争爆发时，巡洋舰就已经是海上常规装备了，而比巡洋舰重量更大的战列巡洋舰在当时却还只是一种新颖的构想，尚未有人付诸实践过。最先考虑打造这种新型战舰的英国海军上将约翰·费舍尔是一个思维活跃的人，无畏级战舰也是出于他的构想。费舍尔一直想要用一种可以独立作战的战船来组成一支舰队，要不就用这种战船来做一支可以分散作战的舰队的旗舰也成，又或者至少在联合作战中能用无畏级战舰担任主力——果然如此，则战列舰主要用来留守阵地、侦查敌军主要战舰的位置并将之反馈给指挥官。战列舰上配备的重型武器跟无畏舰是同一个重量级的，所以战列舰也可以主动出击，攻打体型较小的战船，而其速度之快则是体积比它庞大的敌舰所无法企及的。早期的战列舰被称为"高速装甲巡洋舰"，直到1912年才换成"战列巡洋舰"这个常用名。

第一艘战列舰

英军最早的三艘战列舰，即皇家海军的"无敌"号、"不挠"号和"不屈"号，从1909年开始投入使用。这些战列舰与战舰三等分级制中的第二等战舰一样，都可以配备8门305毫米口径的大炮（一般无畏舰配备的是 10 门），排水量达 17250 吨。后来的战列舰可以配备的大炮则口径更大、攻击力更强，比如 1916 年投入使用的"名望"号和"反击"号就各有 6 门 380 毫米口径的大炮。英国皇家海军的大部分战列舰都制造于 1909~1917 年，而德国和日本直到 1914 年才照着英国战列舰的样子做出了自己的产品。

战列舰给英国带来了很多好处，如在 1914 年末的福克兰群岛战役中，远离大部队的"无敌"号和"不屈"号独立击沉了两艘战力稍弱的德国装甲巡洋舰。这种战列舰的独立作战能力也让德国尝到了不少甜头——自其炮轰英国东海岸的诸多小镇之后，英国民众对本国皇家海军的信任程度就一落千丈。

但若抛开这些成绩不说，仅论技术和设计的话，战列舰（特别是英国的战列舰）也有不少的缺点和瑕疵，而这些不足在大规模的舰队作战之中暴露得更加彻底。

这些问题出现的部分原因在于有的官员曲解了战列舰的名字，误以为这种战船可以在主要作战舰队中担任顶梁柱。实际上，虽然这种战船的设计允许其配备与无畏级战舰类似的武器装备，但为了提高船速却不得不削减了船体的装甲。简单来说，这种战船不仅经不起敌方的炮火攻击，而且在自己开火的时候，船体也有可能会受到伤害。

交战中出现的问题

1916 年 5 月的日德兰海战终于揭开了这层隐痛。英国的"无敌"号、"不倦"号和"玛丽皇后"号在战斗打响后不久就分别被敌舰的一发炮弹打中。炮弹穿过了薄薄的装甲层之后发生爆炸，点燃的火花又引爆了战舰上保存不当的弹药——三艘战列巡洋舰的船体被炸得开了花，很快就沉没了。不过，德国战列舰队也没能全身而退，所有战船都受到了持续的轰击，其中尤以"赛德利茨"号被创最甚；但除了"吕佐夫"号被击沉之外，其他的战船最终都逃回了船籍港。要说这些战列巡洋舰得以生还的原因，运气好固然是一个方面，而德军卓越的航海技术，以及为了防止交战过程中由于船体过热导致二次爆炸而采取的预防措施则更为关键。然而，在第一次世界大战中，战列巡洋舰的损失到此也就告一段落了：一来，这种战舰不堪一击的缺点已经人所共知；二来，战列舰在主要作战舰队中负责的工作也随着海军航空技术的发展而渐渐由进攻转为了防守——所以，在日德兰海战之后，英德双方都没有再折损过这类战舰。

1915 年——堑壕战

参战双方在这一年到来时都依然坚信胜利必将属于自己。考虑到奥匈帝国实在不是一个能干的盟友，德军最高指挥部决定在西线继续布防的同时向东进犯俄国。此外，为了加大对英法两国海军的攻击力度，德军还添置了许多潜艇。5 月，意大利加入协约国的阵营，但此时的协约国却没有一个明确的作战计划。急于将德军赶出本国领土的法国决意在西线战场展开一系列的进攻，但对这一计划，英国却表示爱莫能助——英国远征军的规模本来就小得可怜，更别说这支小型军队已经在 1914 年时被德军打得所剩无几了。

对资源匮乏的英军而言，布防计划的泄漏无疑是一个更大的悲剧。大多数英国将军都把西线战场看作与敌人一决雌雄的擂台，但1914 年间那尸横遍野的惨象却让政治家们胆战心惊，更坚定了他们对同盟国中的其他国家采取直截了当的战略态度的决心。他们认为，只要能够战胜奥匈帝国、奥斯曼土耳其或保加利亚，德国必定溃不成军。最后，协约国决定：以加利波利半岛、巴勒斯坦和美索不达米亚地区为主，在西线战场之外开辟若干的次级战场；同时，向巴尔干南部的萨洛尼卡派驻军队，以抵抗同盟国的各股势力。

第二次伊普雷斯会战

为了摧毁比利时小镇伊普雷斯外一块协约国的突出阵线，同时也为了试试新型武器的威力，1915 年春天，德军首次大面积地投放了毒气弹。

事件重点：

时间：1915 年 4 月 22 日～5 月 25 日。

地点：比利时西南部的伊普雷斯。

结果：该战是德军于 1915 年在西线战场上发动的唯一一次进攻，削减了伊普雷斯外约 2/3 的突出阵线。

德军的领导班子决意要在 1915 年彻底击垮俄国，所以他们很乐意继续在西线战场保持守势以使东线兵力得到最大的满足。而英国此时刚结束了其在新沙佩勒的进攻（3 月 10~13 日），法国也才从瓦伏尔平原的战斗（4 月 6~15 日）中走出来。但英法两国却似乎不以为意，交手方毕便又开始计划新一轮的进攻了。德军最高指挥部总参谋长冯·法金汉将军在得知这一消息后，在仲春时节特许其西线部队有节制地采取主动进攻。德军的目标是伊普雷斯，英军在 1914 年那场大仗之后占领了该镇东面一块本属于德军的阵地。德军想要扫清这块阵地上的敌人，占领那里极具地形优势的一片高地，然后再在这里试用一下他们新发明的氯气弹。

毒气攻击

参与这次战斗的是来自伍腾堡的阿尔布雷希特公爵麾下的德国第四集团军。4 月 22 日，战斗在一阵炮击声中拉开了帷幕。短暂的弹幕攻击之后，德军向协约国阵地投放了氯气弹。氯气嘶嘶地从罐子里跑出来，很快就弥漫在了法国和阿尔及利亚两国军队所在的战壕里，无数协约国士兵由于窒息而痛苦地死去。对此毫无准备的守军惶恐不已，为了保命四散奔逃，协约国防线因此很快就被扯开了一个大大的口子。次日，德军戴着最原始的防毒面具挺进了 3.2 千米，但由于遭遇了史密斯 - 多利恩领导下的英国第二集团军的反击，他们的推进计划严重受阻。

新的攻势

第二军团的抗争不过给了协约国部队一个喘气的机会。24 日，德军以伊普雷斯东北面的加拿大军队为目标再次发动进攻，使得战火迅速向该镇东面及东南面蔓延开去，一直烧到 60 号高地的协约国阵地之上。在史密斯 - 多利恩看来，妄图在这个时刻收复失地绝对是得不偿失的事情。因此，他申请率领部队向伊普雷斯附近防御力更强的地带撤离。但英国远征军总司令、陆军元帅弗伦奇却驳回了这一申请，并让赫伯特·普鲁莫去接替了史密斯 - 多利恩的工作。尽管到任后的赫伯特将军也认为撤退是最好的选择，撤军计划却直到 4 月 29 日法军抵抗失败时方被批准。5 月初，协约国重整军队，而毒气战则一直持续到当月 25 日才宣告结束。

在此次会战的最后几周里，夺回了一些阵地的阿尔布雷希特公爵集团军渐渐不支，到 5 月 8~14 日，其耐受力终于撑到了极限。此时，伊普雷斯外 3.2 千米长的一块高地防线已被德军攻占，从这里可以俯瞰支离破碎的伊普雷斯城——而这种惨烈的景象将一直持续到 1917 年的帕斯尚尔之战。

在持续了约一个月的会战中，德军占领了约 2/3 的突出阵线，给协约国造成了约 6 万人的伤亡。这场会战因为德军人力和物力均彻底透支，无法继续进攻而宣告结束。但德军在战斗结束之后仍继续炮击伊普雷斯，几乎将残存的城镇夷为平地，镇守残余阵地的英法部队也因此而被折磨得生不如死。

毒气战

绝大多数的参战国都在第一次世界大战中使用了毒气弹。然而尽管毒气弹威力骇人，却一直都不是决定胜负的关键。

毒气在第一次世界大战以前其实就已被归于武器之列，但人们一直认为这是一种很不人道的作战工具。然而，在堑壕战出现之后，为了打破战场上令人恼火的僵持局面，很多人都放弃了基本的道义，转而追寻最有效的武器装备。在这种情况下，毒气弹不仅开始为大多数人所接受，其种类也从最初单纯的短期药物刺激型转变成后来的迅速致死型。当然，毒气在阵地上蔓延停留的时间一般都不会很久，不过也有一些属于经过很长时间都消弭不掉的类型。

初次使用

1914 年 10 月，德军在西线的新沙佩勒战场上率先使用了毒气弹；之后，在 1915 年 1 月东线的波利莫夫战场上，德军又故技重施。在这两次战斗中，由于毒气的使用量并不大，故而结果也并不明显。新沙佩勒的法国军队根本就没觉察到德军施放的刺激性气体，而波利莫夫的情况更是让人失望——当时正值数九寒冬，德军施放的二甲苯基溴化物催泪弹还来不及扩散就已经被冻住了。德军不肯死心，于是便继续开发更具杀伤力的毒气弹，其后来的发明也确实取得了明显的进步。1915 年 4 月的第二次伊普雷斯会战中，德军使用的氯气弹就以烧伤呼吸道、使人窒息的方式狠狠地吓了协约国一跳。

整个第一次世界大战过程中，德国总共制造了约 68000 吨毒气弹，是使用这种武器最多的国家，而法国和英国制造的同类武器也分别达到了 37000 吨和 25000 吨。

毒气类型

毒气战中最常用的除了前面提到的氯气之外，还有几乎没有气味的芥子气。这种气体起效很慢，但却能同时引起生物体的内出血和外出血，并伴有催吐的效果，一旦中毒，基本就意味着被判了死刑。一些支持发动毒气战的人认为，毒气弹没有必要置人于死地，而且最好是没有致死性——这样，那些在毒气战中中毒而不死的人不仅会大量地消耗医药资源，更重要的是，这些伤员的存在将会给被打击方的士气带来长期的打压作用。

施放毒气弹通常有两种方式。一种是把毒气储存在特定的容器内，再把这种毒气罐埋在火线上或者火线附近，等毒气罐爆炸时毒气就会自然地变为蒸汽状，随风飘散。如果采用这种方法，则风向的作用就非常关键，只有吹向敌方的风才能把毒气送过去，否则就会对施放者自己造成致命的打击。这种方式还有一个缺点，就是毒气的作用距离比较短。另一种施放法即为炮兵较为常用的"混合式"毒气弹，也就是把毒气以液态形式贮存到炮弹里，当炮弹落到敌军阵地时，爆破产生的热量将液态毒气气化，再利用同时产生的爆破力将毒气送到更远的地方——这种方法相较于前一种来说大大拓宽了毒气弹的起效范围，可谓进步了不少，但其仍有许多问题尚待解决。

毒气发威需要风向、气温等多方面的因素相互配合，对环境条件的高要求也大大地限制了它的作用效果。"万事俱备，只欠东风"都还算好的，如果遇上气温不合适，而且风向又不对的话，那可就真是得不偿失了。

随着毒气战的普遍化，各国纷纷开始研制防毒面具，而面具的精密和复杂程度也随着时间的推移越来越高。早期的面具只不过是在口鼻处垫了一些浸过苏打水或是重碳酸盐的棉花，最多为了保护双眼再加一副独立的风镜罢了。到后来，装有过滤器的复合型面具全面占领市场，其过滤器里的木炭或其他化学药品可以中和毒气的有毒成分。

阿图瓦二次会战

为了把德国人赶出法国，法军总司令霞飞元帅在阿图瓦地区发动了一次大规模的进攻。但这次进攻却在开局的小胜之后陷入了僵局，更糟的是，双方被困在这个僵局里怎么也出不去。

事件重点：
时间：1915 年 5 月 9 日~6 月 18 日。
地点：法国东北部，阿拉斯和里尔之间的阿图瓦地区。
结果：法军进攻失败，伤亡惨重

协约国在伊普雷斯二次战役中的伤疤还没结痂，法军总司令霞飞元帅就着手发动了另一次攻势以求打破僵局。这次，他选择的战场是阿图瓦。

英军的进攻

道格拉斯·海格领导的英国第一集团军是最先接到作战命令的一支部队。他们的任务是占领新沙佩尔的任意一侧以牵制敌人的兵力，并把王储利奥波德王子的德国第六集团军挤到奥柏山脊和里尔之间去。5 月 9 日，奥柏山脊之战打响，但作为战斗序曲的弹幕袭击却因为缺少弹药只持续了短短的 40 分钟。这可不是个好兆头。随后，英国步兵走上战场，却发现他们面前的德军战壕毫发无损，而所有德军士兵正严阵以待。第二天，损失了 1.15 万名士兵的海格将军下令停止进攻，战斗就此结束。

15 日夜，按照霞飞元帅"深入打击"的命令，英军再次发动攻击。海格决定在这次名为"费斯提贝尔之战"的战斗中攻击新沙佩尔的另一侧防线。但此地的德军早在 4 天前就已经筑好了防线，所以英军在取得了一点点进展之后又一次陷入了困境。25日，以 5800 人为代价歼敌 1.65 万人的德军后撤 730 米，战斗再次结束。

5 月 9 日，在 1000 余门大炮持续轰炸德军战壕数日、消耗的炮弹已达 69 万枚之后，气急败坏的霞飞增派奥古斯特·杜贝尔将军的第十集团军前往阿图瓦。在阿拉斯和棱斯之间靠近维米山脊的地方，有一段约 10 千米长的高地，这片高地以其重要的战略意义成了这次交锋的火力中心。菲利普·裴坦率领的一小股精兵在开战 90 分钟以内即冲破防线向前推进了 5 千米；然而，由于缺乏补给，加上德国援军迅速赶到，裴坦无法攻占更多的地区，所以自此之后便再无进展。猛烈的炮火攻击一直持续到 15 日。虽然在 6 月 15~19 日偶尔也有打破僵局的机会闪现，但双方却都没有把握住。战斗最终于 30 日结束，此时，法军伤亡已达 10 万人。

炮弹丑闻

相较而言，海格的炮兵缺少弹药一事在政治上的影响要远甚于其军事效应。英国首相赫伯特·阿斯奎斯领导的自由党内阁对于军需的估计严重不足，他们一方面拼命地扩大军队规模，另一方面却没有采取有效措施促进国家经济发展以适应大规模军队的需要。5 月 14 日，决定战果的关键时刻终于到来了。《泰晤士报》后来评论说，协约国在此战中的败迹从其缺乏高性能炸药的那一刻起就已经显露无疑。

这篇文章的出现本身也是一个阴谋，其始作俑者包括了颇有权势的《泰晤士报》老板诺斯克利夫男爵、若干高级政客，以及一线战场上的将军们。这股"反阿斯奎斯"势力的目的就是通过这篇文章打击他们所反对的现任内阁。"炮弹丑闻"果然对首相的地位产生了很大冲击，阿斯奎斯在压力之下甚至不得不成立了一个以自由党和保守党为主，附加一名社会党成员的联合内阁。而弹药的补给至此交由军需部全权接管——这个部门的负责人大卫·劳埃德·乔治除了是一名精干的自由党内阁成员之外，也是反阿斯奎斯团体的领导人之一。

堑壕体系

1914 年末，西线战场的主要战斗形式转变为堑壕战。尽管各家的战壕挖得各有特色，但说到底也都是因形就势。随着战斗的深入，战壕开始越挖越深、越挖越宽，其结构也越来越复杂。

建造一个出色的堑壕体系是需要合适的地形作为基础的，否则就算防线筑得再连贯，工事搭得再结实，也扛不住敌军的几次攻击。以法国的孚日山脉为例，这里的防线就不是一条完整的战壕，而是若干遥相呼应的山头据点；而诸如意大利战场沟壑纵横的地方也是一样。此外，战壕也不是非要往地下挖的，如果浅表土层太薄而地下岩层又太过坚硬不便开凿，或是防线位置离地下水的水位太近，那么为了方便操作、减少渗水的可能性，就可以反其道而行之，把战壕筑在地面之上。第一次世界大战中被水淹得最厉害的战壕位于比利时境内西线战场的北部，这里的地下水水位本来就很高，而比利时在 1914 年"奔向海岸"时故意开闸泄水则使得当地战壕的涝灾更为严重。

第一次世界大战初期的战壕只不过是在战场上临时"抠"出来的一些小"沟"而已；虽然这些沟之间有一定的联通性，却并不是为了长期作战的需要而准备的。随着 1914 年战争进入僵持阶段，堑壕战才渐渐地崭露头角，并朝着更深、更复杂的方向发展。作为堑壕战的发明者，德国人特别擅长建造战壕，他们在 1915 年末时开挖了自己的第二条大规模堑壕防线，后来没多久又挖了第三条。

堑壕的设计

最典型的堑壕系统可以分为三段，每一段大概长 730 米，相互之间由交通壕连接。最接近敌军的一段被称为"前线战壕"，是防守的重点地段；接下来的第二段被称为"支援战壕"，第三段是"预备战壕"。所有的战壕的平面都建成锯齿状，或是至少在壕内有许多的拐角——这种设计可最大限度地减少炮弹爆炸时产生的冲击对战壕造成的影响，同时也可以避免冲上战壕的敌军直接对战壕里的士兵进行扫射。为了让防护作用更完善，也为了让士兵在战壕里稍微待得舒服一点，不少战壕内还挖筑了防空洞或是专门辟出一截战壕作休憩整理之用。战壕边上堆着的沙包也是防弹的装备；而为了防止战壕垮塌，关键地段还有木桩支撑；除了这些之外，战壕里还有遮雨、排水用的挡泥板。但几乎所有战壕的防空壕都必须不断地维修才能保证正常使用。

越发深入的防线

上述的战壕设计直到第一次世界大战结束都不曾过时。但自从 1916 年德国决定实施"深度防线"计划以后，战壕的结构就变得越来越复杂了。最接近敌军的一段防线上适度地加入了很多的防御哨点，这些哨点一般建在大型的炮弹坑上，或是混凝土的碉堡里。建造这些哨点的目的也不是阻止敌人的进攻，而是拖延敌军的步伐，或是将之逼入己方火力更为集中的"死亡区域"。在哨点以内约 1.5 千米的地方即为交战火线。这一区域的防御工事也不用绝对连贯，只需要火力点之间可以互相照应并且可以攻击越过火线的敌军士兵即可。最后就是所谓的"终极战区"了。这块区域的宽度可达 2 千米，其间战壕布置尤为曲折，而且到处都是可以全方位开火的火力点。过了这一区域就是后备区了。这一区域的战壕设计可能更为复杂，但同时对于进攻方来说也更有进攻的价值，因为这里就是为守军炮兵准备的掩体。

深度防线最杰出的代表就是从西线战场中心一直延伸到战线北部的"兴登堡防线"。这项工程于 1916 年 9 月开工，直到 1918 年末才建成。防线里包括了许多大规模的加强版协防据点，最深处达地下 16 千米。

香巴尼和阿图瓦的会战

英国远征军的此次行动是 1915 年末英法联合作战中的一部分。但由于缺乏弹药，加上德军不停地反攻，所以这次进攻在取得了小小的成果之后即陷入困境。

事件重点：

时间：1915 年 9 月 25 日～10 月 16 日。

地点：法国东北部，卢斯。

结果：德军利用较为出色的防御策略击败了英军的进攻。

1915 年秋，为了在西线战场的僵局中取得突破，法军总司令约瑟夫·霞飞元帅安排了一次联合进军，由陆军元帅弗伦奇率领扩增后的英国远征军和法国加强军共同执行。这次任务包括了不同地点同时进行的两条支线进攻。其一即为第二次香巴尼会战，在此次会战中，约有 50 万名法国士兵对法国东部阿尔贡地区长达 16 千米的敌军防线发起了攻击。在经过了 4 天的炮击战热身后，霞飞以 3：1 的人数优势于 9 月 25 日正式发动进攻。此时的德军占领着一块战略高地，并早已得知了法军的进攻行动，所以虽然法军人数占优，却仍未能在战斗之初的关键时期拿到什么好处。不仅如此，在接下来的几周里，法军几次想要抢得先机却都以失败告终。最后，战斗在僵持之中于 11 月 6 日宣告结束。法军在此战中伤亡 14.4 万余人，而德军也损失了 8.5 万名士兵。

霞飞的第二条支线进攻是与英军联合在法国东北部的阿图瓦地区进行的，亦即所谓的第三次阿图瓦会战。法军在该战中把主要精力都放在了维米山脊的争夺上——维米山脊是一块可以俯瞰低处阿拉斯周围平原地区的战略高地。杜贝尔将军的第十集团军于 9 月 25 日向前挺进，不料却闯入了山脊上火力特别猛烈的防御体系里，遭到了驻守该防线的利奥波德王储麾下德国第六集团军的攻击。杜贝尔的军团在此战中损失惨重，尽管有一个师在 29 日时设法占领了山顶，但其他部分的军队则尽皆失利。在糟糕的天气影响之下，战斗断断续续地一直打到了 11 月初才结束。

卢斯之战

英军在法国东北的两次战役加时赛中形成了一个钳状阵形直指卢斯。道格拉斯·海格将军指挥第一集团军中的 6 个师从 9 月 25 日开始挺进。由于敌军的数量实在少得可怜，这股部队在这一天里确实斩获颇丰，特别以右翼军队的战果最为辉煌。尽管连月来备受缺粮少弹的困扰，尽管前进中充满了艰难困苦，英军还是占领了卢斯。但令海格狂怒不已的是，在情势如此危急的关头，英国远征军那个糊涂司令竟然越发优柔寡断，拒绝为先头部队提供大量必需的军需储备。第二天，英军在德国强有力的反抗面前只好退却，而这一退也意味着英军在 10 月初以前必定一无所获了。但此时的英军已为之前短暂的占领付出了沉重的代价，之后糟糕的天气也严重影响了战斗的进行。最终，这次进攻于 10 月 8 日结束。

1915 年间的战斗

1915 年末，尽管英法联军在阿图瓦等地区发动了多次攻势，西线战场的局势却没有任何变化。此时此刻，交战双方的阵地上都早已尸积如山。阿图瓦和卢斯的战场上，法国伤亡 4.8 万余人，英国伤亡 6000 余人，德国的损失却不到协约国军队损失量的一半。通过这样的统计数据，不难看出此时战场的形势偏向于防守的一方。1915 年，西线战场上的伤亡数字骇人听闻：法军 96 万、英军 29.5 万、德军 65 万。高昂的代价狠狠地冲击了英国的指挥结构，最终，海格于 12 月取代弗伦奇成为英国远征军总司令。而在法国方面，霞飞也因为这种冒进带来的巨大损失而备受责难。

早期的战斗机

　　当侦察机在战场上出尽风头的时候，那些鼓吹空军无敌的人已经意识到了飞行器在现代战争中的重要性。在这种背景下，可以袭击敌方飞行器的武装飞机也就在第一次世界大战的头几个月里迅速问世了。

　　1914 年时，本来并没有专门制造战斗机，但随着堑壕战的战壕越挖越广，这种战斗武器就迅速发展起来了。由于步兵侦察在第一次世界大战中基本为侦察机所取代，所以战斗机最初的任务就是给战争舞台上戏份越来越重的侦察机当保镖。当然，顺便击落一两架敌方的侦察机也是必要的。

　　早期的战斗机以双翼飞机为主，偶尔也有一些是单翼设计。由于战斗机飞行员可以直接在驾驶室瞄准目标并操纵随机的机关枪进行攻击，这种飞机就不需要像普通的双座侦察机那样专门留出一个位子给机枪手，故机舱内大多都只能容纳一人而已。当时几乎所有飞机都采用的是类似拖拉机那样的前置牵引式引擎，也就是将螺旋推进器放在了整个机身的最前端；而飞行员要瞄准并射击的话，最方便的当然是攻击飞机前方的目标。于是这里就出现了一个很大的问题：怎么才能在螺旋桨高速旋转的过程中击中目标而不损伤桨叶本身呢？

推进式战斗机

　　引擎位于驾驶舱之后的推进式战斗机则不存在这种问题，但这种飞机的战斗表现却乏善可陈。英国的维克斯 5 型战斗轰炸机于 1915 年 7 月面世，这种推进式战斗机的最高时速只有 112 千米，在飞行器中实在算不得快。

偏流板

面对这种困境，法国飞行员罗纳德·加洛斯在 1915 年 3 月终于找到了一个解决的办法。他在莫拉纳－索尼埃 L 型伞式双座单翼机上装了几片钢板，沿飞机轴向前发射的子弹打到钢板上后，由于侧面受力就会出现方向的偏转，从而保护螺旋桨不受伤害。加洛斯的发明诞生后不久，法国的第一架专业战斗机莫拉纳－索尼埃 N 型侦察机就出现了。"偏流板"的出现使得协约国战斗机的发展占据了很大的优势，但很快，这种优势就一去不复返了。

德军在 1915 年 4 月俘获的协约国飞机上拿到了偏流板的样本，之后便迅速开始制造改良版的同种零件。断续射击装置是为前置引擎式飞机设计的，有了它，机关枪就能在螺旋桨叶片挡住弹道时自动停止射击。1915 年末，在荷兰的福克公司将这种装置配备到了其制造的福克 E1 型单翼飞机上之后，空战的形势就发生了很大的改变。以时速高达 140 千米的单座福克 E3 型为代表，约 300 架的 E 型战斗机在空战中击落了上千架协约国飞机，其中以维克斯 5 型战斗轰炸机的损失最为惨重，史称"福克之灾"。E 型战斗机从此称霸战场，而这种局面直到 1916 年春天协约国终于制造出可与之媲美的战斗机时才宣告结束。

对俄冬季攻势

1915 年初，德国在第二次马祖里湖会战中大胜俄国，但与此同时，奥匈帝国却搞砸了在喀尔巴阡山脉的一次战斗，并损失了大批兵马。

为了在 1915 年之内把俄国从战场上踢出去，德国把大量兵力集中到了东线，计划在东线北部和南部发动两场攻势。1 月 31 日，以一场佯攻为序幕，总计 10 万人的德国第八和第十集团军联手在东普鲁士发动了第一次攻势。德国第九集团军假意侵入华沙，发动了首次使用毒气的波利莫夫战役。2 月 7 日，东普鲁士最重要的一次战斗爆发：奥托·冯·布罗将军的德国第八集团军在一场遮天蔽日的暴风雪中袭击了独立作战的俄国第十集团军，第二次马祖里湖会战就此开始。

胜负不分的侵袭

布罗的进攻在一周内就将俄军逼退了 96 千米。9 日，才袭击过俄军右翼的赫尔曼·冯·艾科恩率第十集团军加入战斗。被击溃的俄国第十集团军开始向考纳斯撤退。在此期间，俄军有三个兵团被德军重重包围，但由于其中的一个兵团与围军展开殊死搏斗牵制了对方的行动，另外两个兵团最终得以突围。虽然取得了小小的成就，但面对普里赫夫麾下俄国第十二集团军的奋力抵抗，德军觉得没便宜好占，只得退回到东普鲁士境内。此次对阵，俄军总共损失了 20 万士兵，其中有 9 万人成了德军的俘虏。

喀尔巴阡山战役

驻扎在喀尔巴阡山脉沿线的三支同盟国部队发动了第二次攻势。担任主力军的是亚历山大·冯·林辛根的南奥匈联军，他们的任务是穿过喀尔巴阡山进攻西北部的利沃夫，以解除普里奇斯米尔外俄军的包围。斯维托扎·波罗艾维克·冯·伯纳的奥国第三集团军和卡尔·冯·普弗兰泽 – 巴奥丁的奥国第十集团军则分

别担任了南奥匈联军的左右两翼——他们的任务是在攻势中为主
力军提供火力支持。

最早得胜的是由普弗兰泽－巴奥丁领导的部队。2 月 17 日，
他们在成功占领了捷诺维兹之后，还俘虏了阿列克谢·布鲁斯洛夫
麾下俄国第八集团军的 6 万名士兵。但这股部队的推进却遭到了强
烈反攻的阻滞。南奥匈联军被大雪困在了山里，可谓一无所获。而
普里奇斯米尔要塞在被包围了 194 天后终于沦陷，所有守军都向俄
国投降。接下来的几周里，俄国不断地发动局部反击，但由于军队
补给不足，加上乔治·冯·德·马维兹率领德国援军赶到，俄军最
后只好于 4 月 10 日放弃行动。对奥匈帝国来说，这次发生在喀尔
巴阡山脉的战役是一场巨大的劫难。由于恶劣的天气作祟，他们在
此战中损失了 80 万士兵。此时，奥军的士气低落到了极点，甚至
还因为队伍内部存在种族差异而渐渐显现出了分裂的迹象。无奈的
奥国总参谋长、陆军元帅康拉德·冯·霍兹多夫只好再次向德国求援。

迫击炮

战壕迫击炮是一种专门用以发射爆破弹的曲射炮，第一次世
界大战前就已在欧洲战场上使用了几个世纪，所以并不算什么新
鲜的发明。但随着西线战场进入僵持的堑壕战，它们却渐渐成为
最重要的武器。

最早的迫击炮出现于 18 世纪，是一种弹道呈高弧线形的短射
程慢射步兵炮。不管敌人是隐藏在山丘之类的自然掩体后，还是
被要塞堡垒之类的人造掩体层层包裹，炮兵们都可以用迫击炮击
中目标。随着堑壕战的出现，在第一次世界大战前曾一度显得有

些过时的迫击炮让很多军队眼前一亮：这正是打击敌方战壕的最佳武器。德英法三国是迫击炮的主要制造者，除了自产自销外，它们还会把产品卖给自己的盟友。

德国的优势

迫击炮在日俄战争中所发挥的重大作用给了德国很大的启示，所以，在战争初期，早有准备的德国无论是在同种武器的质量还是供货量方面相对其他各国而言都占有很大的优势。开战时，德国已拥有了大批精良的投雷型迫击炮，其中有 150 门于 1914 年 8 月被运上了战场。与后来出现的型号相比，这些迫击炮又大、又沉，很难搬动，但由于它们是用来轰击法国边塞那些混凝土堡垒的，所以移动性不高倒也没什么关系。这种大炮利用火药推动爆破弹、燃烧弹或毒气弹的发射，射程可达 1000 米；利用膛线可以更精确地瞄准目标。后期的迫击炮由于加长了炮管，射程也相应增加。

根据所发射炮弹重量的不同，迫击炮可分为轻型、中型和重型三个等级，而它们所使用的炮弹重量则分别为 4.08 千克、49.44 千克和 95.26 千克。由于迫击炮不能被拆解为零件后分别运输，所以基本每门炮都配有一个两轮炮架以便于在需要时进行移动，特别重的那种甚至需要用马车才能拖动。但一般来说，因为绝大多数的迫击炮都很沉，所以一旦确定了发射位置，炮兵就会把它们固定在战壕里的钢板上而不太会再去移动它们了。为了提高迫击炮的移动性，德国研制出了一种比常规炮轻得多、以拔下了插销的手榴弹为弹药的小型迫击炮，其射程为 230~275 米。

协约国设计的迫击炮

1914 年时，英法两国还没有新式的迫击炮。法国人从仓库里拖出了那些布满灰尘和蜘蛛网的老存货，而英国人则试图制造出一种带有中世纪风格的新型大炮——结果造出来的东西要么像缩水的迷你引擎，要么就是"英式过滤器"那种可以把小手榴弹弹起 180 米高的巨型弹弓。有一种 51 毫米口径的早期迫击炮，打出的炮弹看起来就像一颗硕大的苹果太妃糖。

真正意义上的迫击炮诞生于 1915 年。在法国的重型迫击炮巴蒂诺勒系列后，在当时相对来说质量最好而且外观最新颖的英国斯托克斯系列登场。该系列与大多数英法迫击炮一样采用滑膛设计，包括许多口径类型，使用形似火箭的榴弹，最早出现于 1916 年，是以其设计者威尔弗雷德·斯托克斯爵士的名字命名的。同时，该系列大炮全部可以被拆解为炮管、底座和可调节的双脚架三个部分，是真正意义上的可移动迫击炮。

德国的戈尔里采 – 塔诺攻势

1915 年中期，德国在东线战场上发动了一次大规模攻势。德军的这次攻势不仅一口气将俄军逼退了上百千米，而且在短短的 5 个月时间里使得俄军的伤亡人数超过了 200 万，可算是整个战争中最成功的攻势之一。

虽然德国下定了决心要对付俄国，可是 1915 年 2~3 月的行动结果却不尽如人意。而奥匈帝国军队的无能则逼得德国在战争中必须肩负起更重的担子。4 月中旬，生性多疑的德国总参谋长冯·法金汉接受建议，从西线调兵往东发动第二次总攻，而他本人和最高指挥部的所有成员则前往东普鲁士的普勒斯地区督战。

4 月 26 日，驻扎在东普鲁士的德军分东、北两路首先对波罗的海沿岸的平原地区库兰发动佯攻。德国尼曼小型集团军向利耶帕亚推进，对俄军部队造成了持续几周的军事威胁。5~6月，德军在加利西亚屡屡获胜，其在东线的行动受到胜利的鼓舞也不断推进，并终于在8月17~18日攻下了俄国的考纳斯要塞。但作为这些行动的后续，维尔纽斯攻势在9月26日取得的成功却付出了极大的代价。

攻占波兰

德国进攻俄属波兰和被俄国占领的奥国加利西亚这两次战役都没有在预计时间内结束。马克思·冯·加尔维茨的德国第十二集团军原本受命独立进攻东北面的华沙，但奥古斯特·冯·麦肯森率第十一集团军从西线赶来并驻扎到了戈尔里采和塔诺之间，所以实际的总攻是由这支12万人的部队负责的。

此次攻势于5月2日开始。麦肯森的军队撕开了俄国第三集团军北翼的一条48千米长的防线，而后者则由于受创已极，在5月10日全军覆没——当时的俄国第三集团军已损失了20万人（包括14万俘虏），才刚获准全体撤退。而俄军最高指挥部在德国越发猛烈的进攻之下才勉强向北部的加利西亚派出了援兵。

虽然俄军在5月19~25日奋力抵抗，但德军却一路势如破竹，并于6月4日夺回了普里奇斯米尔；22日，俄军开始退出加利西亚的大部分地区；两天后，德国又夺回了利沃夫。南路攻势于该月底结束时，成绩斐然的德军以9万人为代价换回了25万俘虏。而北路的俄军也不好过，他们于8月初、8月25日和9月2日分别将华沙、布列斯特－立托维斯克和格罗德诺输给了加尔维茨的第十二集团军。

新火线

德国发动的这次攻势从5月一直持续到9月，俄军在这期间被逼退了 480 千米。由此至少可以证明，运动战在东线还是有市场的。这场攻势还在普利皮亚特沼泽以南至波罗的海之间形成了一条即将延续到 1917 年的新火线，其中，南部火线到 1916 年 6 月都不会有什么变化。

1915 年的东线战场呈现出了并不平衡的发展态势：德国损失最少，伤亡仅 25 万人；而奥匈帝国和俄国则分别损失 71.5 万人和 250 万人，其中包括 100 万的俘虏。

热气球

热气球在第一次世界大战中扮演过许多重要角色，譬如保护脆弱的据点免遭敌方飞机的攻击，等等。但在侦察机出现之前，其最重要的作用却是侦察敌情。

第一次世界大战里广泛使用的热气球是一种作战装备，这种装备向没有任何金属或木制骨架的气囊里充入空气或煤气，使之重量较空气轻，从而得以升空。当时的热气球有两种用途：其一是用来监测敌军地面或海上部队的行动；其二是将之固定在防空阵地上，用来对抗敌军的飞行器。

在离火线较远的阵地里，炮兵部队使用的热气球都是用绳子系在专用绞盘上的，气球下方吊着的柳条篮子就是侦察兵的藏身之处。由于有绳索与地面相连，升空之后一般不太颠簸，所以观察效果比普通飞机更好，而侦察兵利用这种便宜的热气球就可以很清楚地确定打击目标的位置，或是在必要时校正己方炮弹的落点。在无线电诞生以前，篮子里的侦察兵就靠旗语和地面部队联系，或者也可以把写有信息的纸条绑在重物上丢下来。到 1917 年为止，这种空中侦察方式一直都很流行，但随着侦察机的出现和航拍技术的发展，热气球渐渐退出了舞台中心。

攻击型热气球

由于地面火力和空中的战斗机都会对热气球造成实际的威胁，所以长时间悬空作业的气球侦察兵其实是在从事一项非常危险的工作。而他们应对危险的工具却只有降落伞而已。但鉴于热气球的设置点比较特别，所以一般飞行员们也不乐意去执行这种"打气球"的任务。谁愿意为了几个气球而这样深入敌后，去面对敌军阵地上重重设防的防空排炮和空中无处不在的歼击机呢？

不过要打热气球也不是这么容易的。在燃烧弹和爆破弹出现之前，战斗机的机关枪打出的常规子弹往往贴着气球的气囊就滑开了，根本就没什么杀伤力。可是如果战斗机等贴得够近了再开火，也不是没有打中的机会；只不过，飞得太近的结果往往会冲入热气球下挂着的"钢索阵"，一旦机翼被这些钢索给绞住，飞行员还来不及歼敌自己就得殉国。由此观之，"打气球"实在是个技术活，因此也难怪各国军队会不约而同地把打中气球和击落敌机作为同等战功进行奖励了。

热气球防线

如果用绳索制成的"帘子"把在空中遥遥相隔的热气球连起来，就可以形成一道诱捕敌机的空中屏障。像城市或工业区之类易攻难守的地区，其上空的防御力量一般也很薄弱，这种设计就比较适用了。伦敦是一个长期面临飞艇和重型炮弹威胁的典型例子，所以英军在其城市以东和以北的地区布置了大量的"绳索栅栏"，以之与战斗机的巡逻、防空排炮和探照灯一起构成城外的防线。

热气球除了在陆军作战中得以应用之外，在反潜作战中也颇有建树。英国皇家海军航空部队曾在英吉利海峡和爱尔兰海地区长期布置了大量的热气球，作为给舰队护航的哨卡。虽然热气球有很多类型，但最常见的还是 1915 年 5 月登场的"海童军 Z 型"（SSZ）。这种热气球下方吊的不是柳条篮，而是 BE-2C 型双翼飞机。海岸级飞艇是海童军系列的最后一款，这是一款用特制平底船取代了 BE-2C 双翼飞机的飞艇，其悬停时间可长达 24 小时。

伊松佐沿岸的 4 次战役

意大利东北部和奥匈帝国之间的伊松佐河是一条天然的国境线。自从 1915 年转投协约国阵营之后，意大利就以这条河为据点，向奥匈帝国发动了 4 次总攻，但最后却都以失败告终。

事件重点：
时间：1915 年 6 月 23 日 ~ 12 月 2 日。
地点：意大利东北部伊松佐河沿岸。
结果：动攻击的意军虽然损失了 18 万人，却一无所获。

德奥之间于 1879 年签署了双边协议，在 1882 年时由于意大利的加入而变成了三边协议。原本就有不少矛盾的意奥两国本该按照协约和睦相处，没想到，在签署协议后的几十年里，两国关系却进一步恶化。到了 1912 年 12 月更新和约时，本应属于同盟国的意大利反倒和协约国走得更近了。意奥两国矛盾的核心其实就是领土问题：在奥匈帝国统治下的特伦蒂诺（即南蒂罗尔）和的里亚斯特地区，居住着大量以意大利语为母语的人。热血的民族主义者们发动了一次轰轰烈烈的收复"失地"运动，而他们所倡导的民族统一主义，在意大利动荡的政坛上也可算是一股颇有权势的力量。

新联盟

自 1914 年 8 月英法对德宣战后，为了破坏三国联盟，早就把意奥矛盾看在眼里的英法外交官们开始孜孜不倦地拉拢意大利。为达目的，他们开出价码：只要协约国取得了最后的胜利，那么意大利就能得到其渴望许久的那片目前属于奥国的土地。这个条件实在是太诱人了，所以虽然在此期间德国也不停地向意大利献殷勤，最终意大利还是投向了协约国的怀抱。1915 年 4 月 26 日，意大利与协约国签署了《伦敦条约》；5 月 3 日，意大利宣布退出三国同盟；5 月 23 日，意大利对奥匈帝国宣战；随后，意大利又于 10 月 20 日对保加利亚宣战。但对德的战书意大利却一直到 1916 年 8 月 28 日才发出。

为了突破敌军防线并向维也纳推进，意军总司令路易吉·加多那把大批兵力集中到了的里亚斯特附近，只留下小股部队防守南蒂罗尔。意军的第一个目标是奥匈帝国边境以内离伊松佐河有些远的戈里奇亚。这里的地形极其复杂，多山的高地被纵横的河谷切成了无数的碎片。此时，87.5 万人的意大利部队虽然兵强马壮，但弹药、大炮和运输工具等现代化的装备却极为缺乏。

毫无进展

1915 年，共有 20 万名士兵和 200 门大炮的皮埃特罗·弗鲁戈尼所率意大利第二集团军和奥斯塔公爵埃马鲁埃莱·菲力贝托麾下的意大利第三集团军发动了首次伊松佐战役。由于奥匈帝国的守军在两国宣布交战后已经开始加固防线，而伊松佐沿岸的防御工事在意军发动进攻前几个月就已升级完毕了，所以此次意军攻势在 6 月 23 日 ~7 月 7 日并没有取得什么显著的成果。7 月 18 日 ~8 月 13 日，加多那再次发动进攻（第二次伊松佐战役），但由于弹药短缺，所以意军搬上战场的大批野战炮还是没能为他们打下胜利的果实。这两次战役使得奥军损失了 4.5 万人，而意大利也赔上了 6 万人的性命。

第三次伊松佐战役于 10 月 18 日开始时，加多那已经往战场上又多送了若干门大炮，使得意军的大炮总数达到了 1200 门。但巧妇难为无米之炊，大炮虽多，却没有足够的弹药支撑。直到 11 月 4 日第三次战役结束，意军也还是无法染指一寸戈里奇亚的土地。11 月 10 日 ~12 月 2 日的第四次战役也还是由于同样的原因而没有丝毫的进展。战事僵持之中，意军和奥军又分别损失了 11.5 万人和 7.2 万人。面对这样的窘境，加多那却还不死心，试图发动更猛烈的攻击。

进攻达达尼尔海峡

英军压进狭窄的达达尼尔海峡原本是为了逼迫奥斯曼土耳其退出第一次世界大战，并拿到一张往俄国输送给养的新通行证，但这次施压却遭遇惨败。不仅如此，英军的惨败还直接引发了血流成河的加利波利陆战。

事件重点：
时间：1915 年 2 月 19 日 ~3 月 23 日。
地点：地中海东部的达达尼尔海峡。
结果：奥斯曼土耳其的大炮重挫了协约国舰队。

俄国大军的给养不力让英法两国焦急万分，但当他们想要给这个盟友一些帮助时，却又发现面前障碍重重。从欧洲前往俄国的路线在当时有两条：北线是经过北海和北冰洋，通往摩尔曼斯克港和阿尔汉格尔斯克港，但是这条航线十分难走；南线则须绕道地中海和黑海，虽然好走，却必须穿过处于奥斯曼土耳其控制下的达达尼尔海峡——奥斯曼土耳其正好是同盟国阵营里的一员。

英国人在战前就对这一情况进行了研究，得出的结论是：只要能用战舰对达达尼尔海峡施压——虽然可能有些困难——这条海峡就可以成为一个安全的通道。当英军舰队于1914年11月重挫了该海峡以外装备落后、防御极差的沿岸堡垒后，这个结论似乎就更站得住脚了。没想到，得到了德军援助的奥斯曼土耳其军队却以强势的防守回应了英军正式压入海峡的行动。

协约国的策略

1915年1月，英国海军部部长温斯顿·丘吉尔提出了达达尼尔海峡问题。作为一个"东线论者"，丘吉尔认为，战事僵持不下的西线战场是一个无底洞，牺牲再多的士兵也无济于事，但只要打垮了德国的盟友，德国就会变成一个光杆司令，一触即溃。所以，他相信只要能够扼住达达尼尔海峡这条奥斯曼土耳其的咽喉，就一定能进一步克制住德国。基于这样的思路，丘吉尔于1915年1月首先提出了达达尼尔海峡方案，并于月底获准将该方案作为英法联军的共同行动组织实施。英国皇家海军任命海军上将萨克维尔·卡登负责此次行动，并为了这次行动，出动了最新的无畏舰"伊丽莎白皇后"号打头阵，以及12艘前无畏舰、3艘战列巡洋舰。法国方面的阵势相对较小，但也有4艘前无畏舰参与了行动。

英国海军的第一次进攻

1915 年 2 月 19 日，英军开始轰击达达尼尔海峡以外的沿岸堡垒，但收效甚微，英军战舰只好于 25 日改用近距离进攻的方式，靠近目标继续开炮。可是，英军根本就打不着土军那些灵活的移动式榴弹炮；而土军在夜幕之下用探照灯照着继续开火的时候，英军却无法进行还击。战场的形势让英军头痛不已：照这样发展下去，根本就无法按计划清除海峡两边的火力威胁，更别提后续的加利波利陆战了。然而就在这时，却有线报传来：土军弹药已尽。于是，本已垂头丧气的英军又抖擞起精神，发动了新一轮的进攻。

丘吉尔要求卡登不惜一切代价穿过海峡，却不曾想这位海军上将竟已因为压力太大而崩溃病倒了。3 月 18 日，作为副司令的海军上将约翰·德·罗贝克只好肩负起接下来几周的指挥重任，但迎接他的只不过是又一轮灾难而已。英法联军的战舰没能打掉海岸上的几门大炮，倒是被剩下的敌军大炮轰得体无完肤；扫雷艇没扫掉几颗水雷，倒是接二连三地闯进雷区报了销；法国前无畏舰"白晋"号、"高卢"号和英国的"海洋"号在战斗中沉没，法国的"萨芬"号损伤严重，而其他舰艇在土军炮火的夜袭之下也没有一艘能全身而退。最后，联军只好放弃了海上进攻。

按照原定的计划，海上进攻结束后就轮到地面部队集结进攻加利波利半岛，扫清通往君士坦丁堡的道路。而根据此时的形势，要完成这个任务实在是荆棘遍地、步履维艰。

前无畏级战列舰

在全方位的战斗中，前无畏舰无论是从速度还是火力方面来说都算不上是战舰里的佼佼者。但由于这种战舰的建造技术已经非常成熟，所以依然可以在海战中发挥重要作用，体现出海军的优势。

英国皇家海军从 1906 年开始使用无畏舰。这种战舰的出现，不仅使得其他所有的战船都黯然失色，而且也引起了一场世界范围内的海军军备竞赛。不过，无畏舰的魅力还没有大到能让人狠心地抛弃前无畏舰的地步——毕竟当年造它们出来也是花了不少钱的。所以，1914 年战争爆发时，各国海军中都还有不少前无畏舰在服役。

服役舰艇数目

首先来看协约国方面的情况。就前无畏舰来说，英军实际使用的有 29 艘，此外还有 20 艘备用；法国有 17 艘长期在地中海地区执勤；意大利有 8 艘；俄国有 9 艘。后来加入协约国阵营的日本和美国则分别拥有 23 艘和 16 艘。同盟国的舰队里当然也有前无畏舰，其中有 20 余艘属于德国，另有 12 艘和 2 艘分别属于奥匈帝国和奥斯曼土耳其。

前无畏舰的设计很多元，而且服役时间也各不相同。例如，英德两国的战舰大多造于 1892~1908 年，这些战舰的设计细节有所差异，但也有不少相似的地方：例如虽然舰艇排水量随着时间的推移逐步加大，但基本都在 10000~14000 吨；一般都配备 4 门主炮和 10~14 门辅炮——其中德国选用的主炮多为 280 毫米口径，英国的则是 305 毫米口径——并且辅炮一般都比主炮的重量级要低。尽管前无畏舰的火力十分惊人，但跟无畏舰比起来仍不过是小巫见大巫。战略家们普遍认为，在双方都火力全开时，前无畏舰肯定挡不住无畏舰的攻击。

交战

为了在北海之上克制住英军的舰队，德国海军尽可能地为其大洋舰队搜罗大型战舰，前无畏舰自然也是他们的目标之一。后来的战况也证明了这个选择是多么明智。大洋舰队和英国海军唯一的一次交手即是 1916 年的日德兰海战，德军在此战中只损失了前无畏舰"波美"号而已。德军手中的其他前无畏舰则在波罗的海上大放异彩，有力地支援了德军的陆上作战。

英国皇家海军则采用了一种与德军略有不同的方案。开战后不久，原属英国大舰队的大部分前无畏舰就被解除了原有编制，去执行一些诸如对岸轰击之类的次级任务，或是奔赴一些舰艇火力普遍较弱的战场。在英国对奥斯曼土耳其采取的军事行动中，这些前无畏舰中的绝大部分都丧失了作战能力。

在第一次世界大战中，英国损失的前无畏舰总数达到了 11 艘，法国和俄国各损失 4 艘，意大利损失 1 艘，日本则为 2 艘。但同盟国的损失却要少得多：除了德国的"波美"号之外，奥斯曼土耳其海军和奥匈帝国被击沉的前无畏舰数目则分别只有 2 艘和 1 艘。

加利波利登陆行动

为了占领加利波利半岛并进而占领奥斯曼土耳其首都君士坦

丁堡,英军发起了加利波利登陆行动。但他们的部署却出奇地糟糕,使得行动从第一步起就注定要面对失败的结局。

事件重点:

时间: 1915 年 4 月 25 日。

地点: 欧洲奥斯曼土耳其的加利波利半岛。

结果: 英国及其联邦军队意外地遭到了奥斯曼土耳其军队的强势反抗。

加利波利战役的爆发可算是英国政坛盛行"东线论"的产物。西线的僵持让英国高层觉得直接对德作战是件特别吃力不讨好的事,既然此路不通,那不如另辟蹊径——也许剪除德国的党羽才是取得战事总体突破的窍门所在。而奥斯曼土耳其之所以被选中,很大程度上是因为英国想要趁机拿下达达尼尔海峡这个运输要道,以方便为俄军输送弹药给养。虽然持有这种观点的人不在少数,但是当英国海军部部长温斯顿·丘吉尔提出这个战斗计划的时候,却并不是所有的人都热烈支持,军队的高级将领中就有不少人是坚持要在西线战场上决出胜负的。

协约国的计划

1915 年 3 月,作为加利波利陆战的序曲,英法联军为了占领达达尼尔海峡而发动的攻势到最后却一败涂地。但协约国却依旧决定照原计划行事,让以英军为主、配合了部分法国军队的联军在加利波利半岛登陆,然后迅速北上,袭击奥斯曼土耳其的首都君士坦丁堡(又称伊斯坦布尔)。但事不凑巧,当英军携枪带炮地在地中海一路东进时,土军已经发现了他们的行踪。战场上谁也不是傻子,这次的东道主自然在第一时间就开始增强半岛的防御工事了。

入侵

4月25日，协约国军队以S、V、W、X和Y为代号，分五路在半岛南端的赫勒斯角登陆，并在此之外又派出了一个小队在加利波利海岸外19千米处的戛巴土丘开始行动——这个地带的官方代号是"Z号海滩"，或是以在此登陆的澳新军团命名的"澳新湾"。这是一次胜败交杂的登陆行动。在澳新湾登陆的部队搞错了登陆点，以致上岸后必须爬上一个悬崖才能到达内陆。但就算是这样，他们也没能占领整个半岛的制高点——查努克贝尔。除了Y号海滩的登陆部队外，其他几路人马都遭遇了土军顽强的抵抗。天色渐暗时，各登陆部队好歹都占了一块立足之地，而澳新军团的战绩则注定在很长一段时间里都无法提高了。

26日早晨，赫勒斯的奥斯曼土耳其守军退守位于克里西亚村以南，靠近战略要地阿齐巴巴高地的一块区域。为了突破这道防线，英军总共发起了3次进攻：4月28日的首次行动无功而返，还白折了3000名士兵；5月6~8日的第二次稍稍有些进展，往前推进了730米；6月6日的第三次进攻却又是得不偿失，伤亡惨重。

阿齐巴巴和查努克贝尔这两块战略高地始终都掌握在奥斯曼土耳其手里，英军和澳新军团一直都只有仰人鼻息的份儿，整个登陆行动也由于人数不足、弹药缺乏等问题而陷入困境。而土军则在年轻军官穆斯塔法·凯末尔的带领下，以规模小、频率高的反击作战屡破联军。所以，到6月的第一周结束时，该区域的协约国军队已经彻底陷入了混乱。但此时本该选择撤退的协约国却不肯认输，反而向加利波利半岛派出了更多的部队，想要在接下来的几个月里展开更多的登陆行动。与此同时，君士坦丁堡的战况却大不相同，至少已经形成规模化的堑壕战格局了。

水上飞机和飞船

海空两栖飞机在战初还是个新鲜玩意。但由于可选起飞地较多，既可以是海岸基地也可以是海上战舰，可执行的任务范围也很广，既可以侦察敌情也可以轰炸敌军，这种飞行器很快就成了海军作战的无价之宝。

如果给普通飞机的起落架装上滑板，使之可以在水面上起飞或降落，那么就该改称其为"水上飞机"；如果是给整个机身裹上一层防水外壳，那就该称之为"飞船"了。这两种改良版的飞机是第一次世界大战中绝大多数参战国的"宠儿"，大多负责海上侦察任务，但只要有需要，它们也可以与其他飞机进行空中对抗，可以对舰艇实施攻击，还可以袭击沿海军用设备。与一般飞机不同，这类飞机一般选择海边的飞机场起飞，而以英国为代表的部分国家还可以用水上飞机母舰作为其起飞的跳板。

当时的海上航空技术还处于起步阶段，所以不管飞机进行过多少改良，也不管指挥官如何排兵布阵，既有的飞机都只能在相对和缓的环境里执行任务。虽然要对付舰艇一般都是用炸弹，但经过英德两国各自的验证，当时的飞机引擎实在是没有负担这种重型武器的能力。

英军的水上飞机

英国皇家海军航空部队（RNAS）成立于 1914 年 1 月 1 日，拥有约 50 支同级作战分队，负责英军所有水上飞机的调配工作，是第一次世界大战中规模最大的海军航空部队。该部队购置的水上飞机多种多样，在各个作战分队中，一般负责在反潜任务中投掷闪光弹的双引擎诺曼·汤普森 NT–4 型和 NT–4A 型最为普遍。在较新的款式中，于 1917 年开始服役的费力克斯托 F 型水上飞机最为成功。这种飞机的时速不过 150 千米，却可以在空中悬停 10 个小时；而且由于可乘坐 4 个士兵，所以操作效果特别好。有一艘这个款式的飞机曾于 1918 年 5 月击落过一架德国 L.62 型飞艇，并在少见的水上飞机对抗中，在克蒂斯 H–12 型飞机的协助之下击落了 5 架 F–2A 型飞机。1918 年 6 月 4 日，F 型水上飞机和克蒂斯 H–12 的组合在一番缠斗之后击落了 14 架德国飞机，其中 6 架全毁；最后陪葬的只有 H–12 型，F 型水上飞机则全身而退。

　　1914 年 7 月，英军飞机投放了世界上第一枚成功爆破的空投鱼雷。1915 年，双座的肖特 184 型飞机以世界上第一架鱼雷轰炸机的身份加入了英国皇家海军航空部队。1915 年 8 月，一架肖特 184 型水上飞机从水上飞机母舰"彭米克利"上起飞，成为世界上第一架击沉军舰的鱼雷轰炸机。虽然看上去战果累累，但实际上用飞机投放鱼雷始终是非常危险的，所以无论是肖特 184 型还是后来的肖特 320 型，都不会一直承担轰炸任务。除了这两种型号之外，英军的水上飞机还有 1915 年使用的索普维斯·施奈德型和 1916 年使用的贝比型。

德军的水上飞机

　　德军发展独有海上航空系统的基础是其国内大批的军工厂，其中，又以从 1914 年末开始大量制造 FF–33 系列飞机的腓特烈沙芬公司最为出名。在该系列中，FF–33e 型飞机是德军主要的侦察机型，该机型配备了双向无线电系统，并可携载大量手投式炸弹；FF–33l 型则是一款水上战斗机。但这两款机型在 1917 年 5 月都被更能适应北海区域激烈战斗的 FF-49 型取代了。而奥巴特罗 W-4 轰炸型飞船和汉萨 – 布兰登堡系列的 CC、KDW、W-12 和 W-29 型飞机也在德国海上航空部队中服役。

奥匈帝国和意大利也购置了海上航空装备。奥国的基本装备与德国一致，但除了汉萨 – 布兰登堡 CC 型之类的舶来品外，他们也自己研发出了双座的隆那 L 型飞船——该型号曾在 1916 年 9 月 15 日击沉了法国潜艇"弗科勒特"号。而意大利则制造了包括马奇 M-5 型双翼战斗机在内的多种飞机。

1914~1916 年的高加索战线

在奥斯曼土耳其东北部，遥远的高加索山区里，拉锯战循环往复地从 1914 年打到了 1916 年。1916 年末，俄军终于占领了奥斯曼土耳其境内亚美尼亚的大部分地区。

俄国和奥斯曼土耳其之间有许多的旧仇宿怨，而巴尔干问题更是深插在双方心头的一根刺，因此，第一次世界大战一爆发，两国就立马拔刀相向了。1914 年 10 月 31 日，在奥斯曼土耳其陆军西进对付协约国部队的时候，海军却掉头向东，开始攻击俄国在黑海上的奥德赛、塞瓦斯托波尔和西奥多西亚等港口。而在接下来的三年中，高加索地区则成了演绎土俄两国间各种战斗的主要舞台。

奥斯曼土耳其对于横亘在其东北部国境线上的高加索山脉早就垂涎三尺了，也正因为如此，该国的军事部长恩韦·帕沙才会不顾德国军事行动指挥奥托·里曼·冯·桑德斯的反对，执意入侵这片不毛之地。

破题之战

但两国里最先动手的其实是俄国。1914 年，俄军穿过边境，分几路入侵奥斯曼土耳其的亚美尼亚地区，但在 11 月向埃尔斯伦挺进时却遭到了拦截。12 月 14 日，在当年冬天第一场大雪过后，恩韦私自向土军下达命令，定于一周后由他亲自率军对敌发起总攻。但土军却在向卡尔斯进军的途中遭到了俄国十万大军的袭击。1914 年 12 月 26 日至 1915 年 1 月，萨里卡米什地区爆发了激烈的土俄对战。在滴水成冰的战场上，土军伤亡惨重，原本 9.5 万人的部队在撤向埃尔斯伦时只剩下了 1.8 万人。土军弃甲曳兵地溃退，恩韦则灰溜溜地跑回了君士坦丁堡。

面对失败，奥斯曼土耳其高层不检讨自己的决策，却怀疑是以基督徒为主的亚美尼亚人在悄悄帮助俄军入侵，而这种猜忌最后演变成了一系列的残酷镇压。忍无可忍的亚美尼亚人在 4~5 月揭竿而起，全面展开反土斗争。4 月 20 日，起义军占领了凡湖地区；到 5 月 18 日俄军抵达时，这块地方仍然掌握在起义军手中。7 月，土军开始反击；在 7 月 10~26 日凡湖北面的马拉兹吉尔特战役中，阿卜杜·克里姆率部大破俄军，并于 8 月 5 日夺回了凡湖地区的控制权。尽管克里姆在行军的过程中一直都小心翼翼，但却还是在几天后遭到了俄军的堵截。

俄军的进攻

1915 年 9 月 24 日，沙皇尼古拉二世的叔叔尼古拉大公被任命为高加索地区总督。1916 年初，这位总督制订了俄军的主攻计划。1916 年 1 月 11 日，在尼克莱·育德尼奇的指挥下，20 万俄国大军从绵延的火线上开始全面进攻亚美尼亚。俄军主力从卡尔斯向埃尔斯伦突进，在科普鲁科伊包围了克里姆的土耳其第三集团军。

三天后的 2 月 16 日，土军战败。4 月 18 日，在来自俄军战舰的
登陆部队援助下，已经把土军黑海海岸防线逼得快要崩溃的育德
尼奇终于成功占领了特拉布宗。

另一方面，恩韦则布置了两次延时型反攻行动，改由维西普·帕
沙领导的土耳其第三集团军沿黑海海岸线向前推进。但 7 月 28 日，
当他们行进到厄尔辛加时，却被早已守候在此的育德尼奇给打了
个措手不及。由阿美特·伊兹辛·帕沙率领的奥斯曼土耳其第二
集团军发动的土军第二次反攻却取得了一些成绩，在加利波利一
战成名的穆斯塔法·卡梅尔指挥部队于 8 月 15 日占领了穆斯和比
特里斯两镇。但育德尼奇不久就把这些地方又给夺了回去，并手
握亚美尼亚大部分地区的控制权直到冬季战斗渐渐结束。

1914~1916 年的巴勒斯坦

以埃及为代表的中东地区对英军控制苏伊士运河至关重要。
这条运河是英军向印度输送给养的交通要道，易攻难守，非常容
易遭到驻扎在巴勒斯坦的奥斯曼土耳其军队的袭击。

奥斯曼土耳其于 1914 年 10 月底对协约国部队发动的进攻很
快就得到了英国政府的回应。11 月 5 日，英国占领了塞浦路斯，
开始派出军舰对达达尼尔海峡入口处的土军要塞进行轰炸；12 月
18 日，英国宣布对埃及实行保护政策。而苏伊士运河即是促使英
国摆出种种姿态的原因——作为大英帝国控制亚洲的基础，这条
运河是英军所有运往印度的给养都必定会经过的交通要道。为了
保护这条粮道，英军及大英帝国属地联军纷纷出动，这支联合军
队的统帅是约翰·马克思威尔将军。

奥斯曼土耳其自然也知道苏伊士运河的重要性。1915 年初，土军第一次意图占领该运河。1 月 14 日，在海事部长迪耶莫·帕沙的带领下，奥斯曼土耳其第四集团军中一支 2.2 万人的精英部队从巴勒斯坦地区的比尔谢巴出发。在协助迪耶莫的德国参谋长弗兰德里奇·克莱斯·冯·克莱森斯特恩的巧妙组织之下，该部队成功地穿过了缺水的西奈半岛。但在 2 月 2~3 日利用浮桥穿过运河时，土军却被英国守军的炮火击溃，迪耶莫只好又率部退回了比尔谢巴。在这一年接下来的时间里，由于各自的主要精力都分散在了加利波利和美索不达米亚的战场上，英土双方都没能在苏伊士运河地区占到什么便宜。

1916 年间的战斗

1916 年，英军被两件事情占据了所有的注意力：一件是土军对西奈地区发动了进攻；另一件则是英国后方爆发了叛变。英军在埃及的新指挥官阿奇波德·莫里将苏伊士运河的防线推进到了西奈半岛之内，而建立一道新防线势必也需要建立新的通信网、新的防御堡垒和新的供水系统。英军的建设工作大体上进行得四平八稳，只有一小部分遭到了来自克莱斯·冯·克莱森斯特恩麾下 3500 人的沙漠军团的骚扰。

1916 年 7 月，土军决定发动一次大型进攻以摧毁莫里建造的一系列工事。这次行动仍由克莱斯·冯·克莱森斯特恩指挥，但总人数却达到了 1.6 万人；而德国则为之提供了机关枪、野战炮、防空特遣队和 12 架飞机。7 月中旬，大批土耳其军队集结在罗马尼亚之外距离运河约 32 千米的一个小镇，这里正是莫里工事的最外沿。8 月 4 日，土军对敌发动奇袭，战斗拉开帷幕，但土军在此战中占领的一小块地区第二天就又被英军夺了回去。

由于缺乏饮用水，克莱斯·冯·克莱森斯特恩被迫退往 96 千米之外的埃尔阿里什。罗马尼亚之战损耗了土军约8000名士兵，而英军却只损失了这个数字的1/8。至此，英军以绝对的优势打消了土军对苏伊士运河的威胁。

1914~1916年，美索不达米亚战役

英军在土属美索不达米亚发动的战役没能按原定时间结束。在"加时赛"的第一阶段，英军的表现可谓毫无章法、漏洞百出，而这个阶段的失利，也是英军在整场战争中摔得最狠的一个跟斗。

战争爆发后不久，英印联军即前往波斯湾保护石油开采及运输设施。1914年10月末，奥斯曼土耳其对协约国宣战；11月23日，急于还以颜色的联军就占领了土属美索不达米亚（即今伊拉克）的巴士拉。随后，联军北上，并于12月初抵达幼发拉底河和底格里斯河交汇处的科纳。

英军在美索不达米亚的军事行动在最初阶段即取得了小范围的胜利。但到了1915年4月，土军却利用在科纳和阿瓦兹的两次反击战，很轻松地打乱了英军前进的步伐。英军少将查尔斯·汤申德奉命制造与巴格达对话的机会。为了完成任务，汤申德率领一个海军加强师和一支小型海军舰队从巴士拉出发，沿着底格里斯河逆流而上，于6月3日攻占了阿玛拉。另一面，负责保护汤申德部队右翼的乔治·葛林吉少将，在率部沿幼发拉底河行动时，意外地于7月24日在纳西利亚重挫了土耳其军队——英军似乎是越打越顺了。

首战告捷的汤申德继续挺进，在距离巴格达还有约2/3路程的地方，进入了由纳-阿德-丁·帕沙率领1万土军守卫的库特-

艾－阿玛拉。此时英军的通信线已达 480 千米，以该镇为起点的话可以沿着底格里斯河一直通到巴士拉。而英军为了保证这条线路的安全，不得不将大量兵力分散开去，这也就使得英军无法全力以赴地继续与守军对抗。虽然英军最终于 9 月 27~28 日赢得了库特战役的胜利，但一万人的军队中竟有 1200 名士兵伤亡，代价也算惨重了。

举步维艰

眼看着巴格达近在咫尺，受命继续推进的汤申德此时心里却是一百个不愿意：他的部队此时无论是人力还是物力都早已近于枯竭。11 月 11 日，由纳－阿德－丁·帕沙在泰西封外负责建造的广阔的防线，以 1.8 万人和 45 门大炮的力量，迎战汤申德的 1.1万人和 30 门大炮。22 日，汤申德率部主动出击，但土耳其援军随即赶到，英军最终在 4 日后败退。这场泰西封战役让英军损失了 4600 人，土耳其则损失了 6200 人。

库特之降

败走的英军看到土军没有紧追不舍，长舒了一口气，不曾想，土军打的却是"瓮中捉鳖"的主意。12 月 3 日才逃到库特的英军刚歇了 4 天，就绝望地发现土军已经在城外形成了包围圈。困境之中，汤申德安慰自己：部队的给养足够撑两个月，到时救兵一定能赶到。但最终他发现原来两个月的给养和所谓的援军根本就不顶事儿。1916 年 1 月，前来搭救的第一支远征军在芬顿·艾莫尔的带领下赶到，很快即被击退；3 月 7 日，葛林吉率领第二支远征军赶来支援，却又被德国司令官科马尔·冯·德·高兹指挥的奥斯曼土耳其第六集团军给打败。无奈的汤申德只好于 4 月 29日率部投降，但身陷囹圄的英军却没多少人得以生还，救援远征军本身也伤亡了 2.1 万人。

这边的英军输得一塌糊涂，那边的英国最高统帅部和战争部却正为了下一步的行动而争论不休：有人建议让那位在巴士拉无所事事的新司令官弗雷德里克·莫德率部撤军，有人则极力鼓动继续向着巴格达挺进。12 月 3 日，兵强马壮的英印联军共计 16.6 万人在莫德的带领下沿着底格里斯河两岸开始向美索不达米亚内陆撤退。美索不达米亚战役自此将不再是一个无足轻重的战争花絮了。

海战白热化

1915 年的多格滩战役是英国和德国舰队之间发生的最主要的交锋。此后德国潜艇越来越成为北大西洋海域的一大威胁，并经常击沉中立国的船只，这被证明是一个危险的战略。

1915 年，英国大舰队和德国大洋舰队之间正式的对抗只有一次。1 月 24 日，英军情报人员发现德国海军中将弗兰兹·冯·希佩尔率领战列巡洋舰舰队意图袭击英国海岸，击沉捕捞渔船，多格滩之战爆发。英国海军上将大卫·贝提率战列巡洋舰舰队赶到时，弗兰兹吓了一跳。在这场追逐战中，德军旗舰"塞德利兹"号被重创，"布鲁切尔"号被击沉。虽然多格滩之战并不算一次重大的舰艇遭遇战，但其影响却颇为深远。德国大洋舰队此时规模变得比英国大舰队小了，而该战中主舰受损也动摇了德国海军的架构：大洋舰队的总司令被免职，而德皇威廉二世更进一步要求其舰队尽可能地少冒不必要的险。

既然大洋舰队不能冒险，那么德国皇家海军要想反击英国就只能另觅他途，其中心思路就是加强对英国商船的进攻。由于潜艇的稳定性有待检验，所以德国海军不能完全依赖这一种进攻手段，但水面舰艇的耐受性又实在太差。此时，辅助性商业袭击舰和武装商船就成了更可靠的选择。但这些舰艇的优势不久后就因为英军的袭击或被俘虏而受到了极大的限制。从 1915 年春开始，德军开始进一步提升潜艇的作战频率，而在北海和英吉利海峡游弋的德军潜艇则使得更多的水面舰船得以奔赴西线战场。

潜艇的袭击

关键性的时刻终于在 1915 年 2 月来临了。德国宣布将采取"无限制潜艇战"策略，这意味着从该月 18 日起，德军将在不发表任何声明或警告的情况下，任由其总数为 30 艘左右的潜艇对英国和爱尔兰附近的协约国商船发动攻击。这项政策其实是在激烈的争论之后勉强出台的：德国军方对于这个政策采取了非常明确的支持态度，而政府首脑们则犹豫不决——这种不受限制的潜艇战是违反国际法的。一旦实行了这种政策，无疑是给协约国提供了很好的宣传素材，而德国则将由于威胁中立国舰船及公民安全而陷入舆论的旋涡，正是"人心向背，皆系于斯"。

中立国的损失

1915 年，德国以 17 艘潜艇为代价，将协约国总共上百万吨的舰船击沉入了海底。但正如"贸战"政策的反对者们所预料的那样，军事代价虽小，政治代价却极其高昂。挪威油轮"贝尔利基"号 2 月 19 日遇袭，成为德国潜艇"贸战"的第一个受害者。而在美国发表过严正声明之后，美籍油轮"高福莱特"号却依旧于 5 月 1 日被德军的鱼雷击中，更有 2 名船员因此丧生。5 月 7 日，英国定期客船"路西塔尼亚"号被击沉，船上的 128 名美国公民罹难。在这一系列牵涉美国的事件中，反对德国的呼声越来越高。

美国人的伤亡并未到此为止。8月19日，在另一艘英国定期客船"阿拉伯"号被袭时，又有两名美国人遇害。在此之后，德国决定于该月30日放弃"贸战"政策，并宣布在那以后不会再有任何商船在毫无预警的情况下受袭。但伤害已然造成，而德军也不可能真的永远放弃这项政策。

加利波利战场上的大撤军

1915年夏天，英军还在僵持不下的加利波利战场上苦苦支撑着，甚至还在8月间展开了更大规模的登陆行动。但寒冬的降临却明明白白地告诉每一个人：没有什么比全面撤退更明智的了。

英军于1915年4月25日对加利波利地区同时发动水陆两路进攻的目的，就是穿过这个多山的半岛直取土耳其首都君士坦丁堡，从而逼迫该国退出战争。但天公不作美，英军不仅没能迅速地拿下土军的这个老巢，反而从6月初起就跌入了堑壕战的痛苦深渊。在僵持的战场上，英军占领了半岛南端的赫勒斯角，澳新军团则攻下了半岛西海岸的一块地区，并将之命名为"澳新湾"。而土军则守在最有地形优势的高地上，可以随心所欲地向海滩上的协约国部队开火。

苏弗拉登陆

为了打破僵局，英军司令伊恩·汉密尔顿决定在地处土耳其主防线之后的西海岸再布置一次登陆。他打算先在赫勒斯故布疑阵吸引土军的注意力，然后让澳新军团突破土军防线向北推进，最终与苏弗拉湾的登陆部队会合。此次行动的时间是 8 月 6~10 日。一开始，赫勒斯的疑兵很成功地引开了土军的火力，但后来的情况却失去了控制。先是澳新军团陷入了困境却没能突围；接着，由 F. 斯多普福特带领在苏弗拉湾登陆的部队就在原地傻等，竟然不知道趁着没有敌军的时候立即向内陆推进。战机稍纵即逝，回过神来的土军立刻增强了海岸的防御，登陆行动就这么失败了。

在苏弗拉孤注一掷的汉密尔顿原本还想申请更多的支援，但这次失败已经让他失去了上级的信任，英国高层以改变布防攻击力量为由，驳回了他的请求。10 月 15 日，汉密尔顿的司令职务被解除。10 月 28 日，他的继任者查尔斯·蒙诺抵达战场。在巡视各个海滩后的第二天，蒙诺就给上级打了报告，建议全面撤退。此时，在英军占领的三个滩头阵地上，多日来一直严阵以待的士兵们已经快被紧绷的局势折磨得疯掉了，而英国高层经过一番讨论也只能承认撤军是最好的选择。12 月 3 日，蒙诺终于获准带领所有部队撤退。

秘密撤军

这次撤军分两个阶段进行，行动前经过了精心的设计和筹备，行动过程中各部门通力合作，一切都进行得有条不紊，这和登陆时杂乱无章的情况形成了鲜明的对比。协约国军队中的悲观主义者们曾预言：此次撤军会损失掉这支队伍中 50% 左右的兵力。但实际情况却让他们大跌眼镜：在整个行动过程中，总共只有 3 人伤亡。12 月 10 日至 20 日，苏弗拉湾和澳新湾的阵地上，约 10.5 万人的协约国部队带着 5000 头牲畜和 300 门大炮，在夜色的掩护下最先开始撤离。由于伪装工作十分到位，部队在行进过程中又特别注意控制喧哗，奥斯曼土耳其的十万大军竟误以为协约国的战壕中一直有部队驻扎，完全没有发现他们撤军的动作。12 月底到 1916 年 1 月间，协约国在赫勒斯角的驻军也以相同的招数顺利转移了 3.5 万名士兵和随军的 3700 头牲畜。

这场多国混战给协约国阵营造成了 27.6 万人的伤亡，其中有很多人是因为感染了多种疾病而被遣返的。土耳其军的具体损失数目不清，但至少也有 25 万人。英国政坛和军界都为加利波利的惨败而大受震动，此次战役的推手、主战派的英国海军部部长温斯顿·丘吉尔也引咎辞职。而英国在黑海上通过达达尼尔海峡给俄国输送给养的美梦也就此破灭。

以丘吉尔为首、主张用"削其羽翼、断其臂膀"的策略对付德国的"东线论"者们这下丢尽了脸面，而以军方高层为主、坚持在西线战场上正面冲击德军以取得胜利的"西线论"者则顿觉扬眉吐气。但是，这种争论是不会到此就结束的。

德国潜艇

开战时，德国皇家海军手里还没几艘潜艇。但随着战争的推进，德军潜艇的军事地位也越来越高。最终，潜艇成了德国海军扼住英国海上交易命脉，迫使英国卑躬屈膝的终极武器。

1906 年以前，德军连一艘潜艇都没有。但从 1914 年 8 月开始，他们却在 30 艘潜艇的基础上建成了一支第一次世界大战中技术最先进、规模最大的潜艇部队，而潜艇总数到战争结束时则增加到 350 艘左右。1917 年 6 月是该部队的巅峰时期，此时共有 61 艘潜艇同时在海上作业。

德国皇家海军在潜艇设计方面不喜欢搞花样，常年制造的型号来来去去就那么几种，而这也使得对海员进行的潜艇操作培训更省力、更直接。所有负责在远程区域内执行任务的大型潜艇都被冠以"U"字头，而在海岸附近小范围内活动的小型潜艇则都带有"UB"或"UC"字样。

潜艇类型

"潜艇"是"潜在水下的舰艇"的简称，而德国潜艇部队则是负责破坏英国海上贸易的先锋。每一批潜艇之间总会有些不同，但随着战争进程的推移，潜艇的各种类型都在朝着更大、更强的方向发展。1913 年投入使用的 U-21 型潜艇排水量为 650 吨，最高速度在水面可达 15 节，在水下时则为 9 节，该型号满员为 35 人，配有 86 毫米口径的甲板炮。到 1917 年末，U-140 型潜艇的排水量就达到了 1930 吨，水面巡游速度则高达 16 节（水下为 8 节），满员人数为 64 人，配备了 6 个发射管和两门 150 毫米口径的甲板炮，而该型号的巡游范围则是 U-21 型的 3 倍。

运输类潜艇

1916 年出现的"德意志级"潜艇是最大的一类，但一般只作为非武装舰艇承担运输任务。该级别中的"德意志"号在以商船身份从基尔前往当时中立的美国巴尔的摩时曾引起了很大的骚动，甚至有舰艇意图对之采用武力——而这正是德军的目的所在。7 月 9 日，该艇抵达目的地后，很快便运载着各种重要金属开始返航。而分别配备了两个发射管和一门 150 毫米口径甲板炮的 7 艘潜艇——编号为 U-151~U-157——不久即变身为战斗型潜艇，其中两艘在执行任务时被击沉；而 U-155 则在 1917 年 6~9 月的首航过程中，成功击沉了 19 艘协约国舰船。

1915 年春，可用潜艇的选择面开始变广。最早的 UB-1~UB-17 型潜艇此时已经无法适应最基本的作战需要，取代它们的是编号为 UB–18~UB–47 的 UB–2 级艇，这些潜艇的速度更快（早期潜艇时速为 6 节，2 级潜艇为 9 节），巡航范围更广。而 UB–3 级潜艇——即 UB–48~UB–136——则直到大战最后一年年底才亮相，此时潜艇的排水量已达最初版本的 4 倍，武器配备方面也升级到了 5 个鱼雷发射器和一门甲板炮的组合。

原本为短程任务而设计的 UC 级潜艇后来则成了布雷艇。这种潜艇 1915 年中期现身于英吉利海峡，后来又出现在了波罗的海、黑海和地中海海域。而较大型的 UC–2 级潜艇——即 UC–16~UC–79——从 1916 年开始投入使用，这些潜艇不仅可以进行大范围的巡弋，更可携带 18 枚水雷，比早先的版本还要多出 6 枚。1917 年，德国又定制了第三批即 UC–3 级潜艇，但这批潜艇最后并没有投入使用。

后方

第一次世界大战之所以能够打下去，在很大程度上是依靠各参战国劳动人民的辛勤劳作，但劳动者本身却躲不开战火的拖累。物资越来越贫乏，人们对战争的厌恶也越来越强烈。

各参战国的后方都有自己的特色，但总体来说也有不少的相似之处。1914 年 8 月战争刚爆发时，几乎所有主要参战国的首都都被一股狂热所笼罩，成千上万的人涌上街头表达自己的战斗热情。以法国简·若雷斯为代表的左翼人士由于不肯人云亦云还曾遭到了主流社会的排斥，并引起了大部分群众的不满。7 月 31 日，若雷斯在巴黎的一间咖啡馆由于发表不同言论而被捕。

被战争狂热冲昏了头脑的人们竟然还心甘情愿地接受了更为

严密的国家监控——至少在开战时是这样——而这意味着不仅团体活动将受到严格的限制，来自敌军盟国的侨民和反战人士也将被处处针对。1917 年美国出台的《间谍法》和《镇压叛乱法》直接导致 1600 人入狱就是一个很好的例子。1914 年，英国通过了《领土防御法》，若干国家群起效仿，同年 8 月，俄国对伏特加酒的生产和消费进行了极端严格的控制，而美国也于 1918 年提出了《禁酒令》，但该条令直到两年后才付诸实施。

定量配粮

饥饿是战争所引起的另一个大问题。在德军潜艇对英国的海上粮道狂轰滥炸时，英国则以其人之道还治其人之身，对德国实行了全面的海上封锁，而粮食歉收和糟糕的配给系统则进一步地加剧了德国的饥荒。1917 年春，英国的粮食补给岌岌可危，但该国政府却把这个危机公之于众。1918 年 7 月，肉制品和日常用品的订购量猛增。此时协约国阵营里其他的难兄难弟也是自顾不暇：1917 年 1 月，莫斯科市场上的补给还不够基本需求的 60%；与此同时，迫于无奈的法国政府开始倡导"无肉也欢"的饮食态度，并于 1918 年初开始对粮食和能源实行定额配给制度。但相比德国饿殍满地的状况，这些都还算好的了：1916 年末到 1917 年初的那个冬天被德国人称为"芜菁之冬"；1919 年时，约有 70 万德国人在这场饥荒中死于营养不良。

战争中的女人们

在那个年代，女性虽然暂时还无法摆脱社会对她们的歧视，却至少因为战争的爆发而获得了到车间工作的机会。仅以英国而言，1914 年末就有约 17.5 万名妇女得以走入社会；到 1917 年 8 月，75 万妇女工作在以前只提供给男人们的岗位上，此外还有 35

万人由于战时经济的需要而获得了工作的机会；1918 年，又有 24 万妇女参与农业劳作。

而法、意、美三国的情形也差不多，只有德国的进度较慢一些。但直到 1916 年末的兴登堡战役为止，女性仍然没能获得直接参与战斗的权利。

于 1918 年休战的第一次世界大战虽然残酷，但造成的平民伤亡相对于第二次世界大战来说要小得多。只不过，人们的苦难并没有因为休战而结束。1918 年春，流行性感冒在全球范围内爆发。这场病毒造成的浩劫持续了一年左右的时间，给英、法、德三国分别造成了 22.9 万人、16.6 万人和 22.5 万人的死亡，而全球的死亡数字更是高达 2000 万——其中，有 70% 以上的死者年龄还不到 35 岁。

齐柏林飞艇

德军的齐柏林飞艇和其他飞行器对英、法、俄三国进行了无数次的袭击，其中以对英攻势最为猛烈——在 1914~1918 年，德军共派出了 53 批飞艇对英国实施轰炸。

在第一次世界大战中，德国皇家空军和皇家海军都经常用刚性结构的飞艇执行侦察或夜间轰炸的任务。这种飞艇可以分为两类：一类是广为人知的"齐柏林"系列，而另一类则是不太有名的"舒特－兰兹"系列。这两类飞艇的骨架结构不同，但填充的都是有爆炸性的纯氢气。

飞艇的区别

齐柏林设计的飞艇于 1909 年 3 月首次被德军采用，这也是大战中最常见的一类飞艇。这类飞艇的款式很丰富，但都采用了铝合金骨架。早期的 L.3 型长约 158.5 米，可乘坐 16 名飞行员，最高时速为 72 千米；而 R 型飞艇则更为先进，除了长度增至 200 米之外，乘员也增至 19 人，最高时速可达 96 千米。

舒特教授和兰兹博士设计的舒兰飞艇体型相对较小。这种飞艇的缺点在于其采用的胶合板骨架很容易在飞行中吸收空气中的水分，一旦胶合板受潮，飞艇就会变得很难操控。也正是由于这个原因，飞行员们都不太喜欢这个系列的产品。

德军花费了很多的心力研制飞艇，又投入了大量的财力去购置不同的型号。但才开战没几周，他们就发现自己的那么多心思都白花了：但凡被派往比利时和法国执行任务的飞艇，只要是白天出动，无一不遭到守军的猛烈攻击。1914 年 8 月间，有 4 艘飞艇被协约国地面部队击落，还有一艘因为被英军的战斗机击中气囊而失事。1916 年末，德国人开始渐渐对这种飞行器失去信心。到 1917 年 6 月，失去最后耐性的德国陆军部队终于决定弃用自己所有的飞艇。

远程袭击艇

一直领跑飞艇工业的德国皇家海军却没有放弃希望，而是开始给飞艇部队改派更多的夜间轰炸任务。在第一次世界大战中，德国皇家海军飞艇航空师共启用过 73 架飞艇（其中包括 59 架齐柏林式、8 架舒特－兰兹式和 6 架如帕萨法尔型软式飞艇之类的其他型号），执行过 1191 次侦察任务和 342 次轰炸任务。该部队针对的主要是以伦敦为代表的英国工业区，除此之外也轰炸过法国的巴黎，俄国在波罗的海的海军基地及俄国首都圣彼得堡等地。在齐柏林飞艇承担过的任务中，最有挑战性的一次当属 1917 年末的一次输送给养的行动。当时，L.59 型飞艇从比利时出发，给东非的德军部队输送给养，这支运输队在飞到半途时遭到了拦截，但 22 名机组成员操纵着 L.59 穿过狂乱的风暴，克服机械的故障，用 95 个小时的时间在空中兜了个长约 6750 千米的大圈后，还是完成了任务。

齐柏林飞艇和舒兰飞艇在实战中能够制造的威胁其实要比理论上的弱许多。它们对英国的袭击虽然能让英方拉响防空警报，但造成的实际伤害却非常有限。而这些飞艇本身也都非常脆弱，115 艘齐柏林飞艇中就有 77 艘坠毁或是被重创到无法修复的地步，而造成飞艇损毁的原因多种多样，除了守军的火力攻击之外，还有恶劣天气中的大风和冰霜。而飞艇上方对其而言也是个致命的弱点：除了配备燃烧火箭弹的法国纽波特–17 型和英国索普维斯骆驼型战斗机外，1916 年出产的法国李普列尔飞艇也能从飞艇上方向其投掷炸弹。火箭弹后来渐渐被燃烧弹所取代，最后于 1918 年普遍停止使用。

飞艇事故也并不罕见。其中最严重的一次发生于 1918 年 1 月，被毁的 5 架飞艇当时正在所属基地进行常规的保养。

1914~1918 年，战火中的平民

平民、军人以及产业之间的区别在第一次世界大战中变得非常模糊。以往的战争中，平民只会在敌军兵临城下时才会受到威胁，而这一次，远离前线的后方城市却正是敌军轰炸的目标。

在敌军一次又一次有预谋的行动中，德国和法国都有很多平民无辜殒命，但相比起遭受持续轰炸的英国来说，他们的损失实在不值一提。1914 年 12 月 16 日，德国海军同时向英国哈特尔波

尔、惠特白和斯卡伯勒三地的港口发动了海上总攻，导致 122 人死亡、433 人受伤，无数建筑、设施毁于一旦。1916 年 4 月，德国海军又转向英国东海岸，袭击了洛斯托夫特和大雅茅斯。虽然两次袭击造成的人员伤亡和经济财产损失都不算大，但却使得英国国内人心浮动，英国皇家海军的声誉也因保护不力而受损——对于 157 人死亡、641 人受伤的德国海军来说，这些行动实在是物超所值。

一般来说，德国派去执行轰炸任务的齐柏林飞艇都是成组行动的，飞艇数从两架到多架不等，其中 1916 年 9 月进攻英国的 16 架飞艇是规模最大的一个行动小组。这些飞艇多半选择夜间出动，袭击的重点集中在英国东南沿海、北部和中部工业区，而伦敦则更是每次轰炸的必选对象。第一次飞艇袭击始于 1915 年 1 月 19~20 日，而伦敦则于同年 5 月 31 日遭受了首次轰炸。在此之后，德军又在当年策划了 19 次轰炸行动。在 1916~1918 年这三年里，德军针对英国的轰炸次数分别为 22 次、7 次和 4 次。到大战结束时，德军飞艇共在英国领土上投下了 5750 枚炸弹，造成 556 名英国平民死亡，1350 人受伤。

飞行器袭击

对英国东南部的袭击始于 1914 年 10 月，但真正意义上的战略性轰炸却是从 1917 年初才开始的。以哥达式 G 系列为主的重型轰炸机参与了此后绝大多数的战役，而从同年 10 月底开始，莱森弗鲁格辛格型轰炸机（巨型飞行器）也开始参加战斗。5 月 27 日白天，第一次以伦敦为目标的轰炸机袭击开始，此后又有 7 次同类任务落到重型轰炸机的身上。但由于 8 月底时遭遇了一次惨败，轰炸机的行动就转入了夜间。在又进行了 19 次袭击后，1918 年 5 月 19~20 日凌晨，在德军的最后一击中，英国平民有 850 人死亡，

2000人受伤——不过德军参战的383架哥达轰炸机也有43架失事，30架莱氏巨型轰炸机也折损了两架。人们由于遭受空袭而产生的心理阴影直到防空系统逐渐成形才有所减退。

进攻德国

德国在把别人家的后院炸得乱七八糟的同时，自己也面临着战略轰炸的威胁。而对德轰炸的高峰则直到战争结束前几个月才真正到来。少将休·特伦查得率领的英国独立空军成立于1918年6月，这支部队正是负责对德轰炸的主力。他们一般是从法国东线的机场起飞，重点袭击德国西部的工业重地。该部队总共执行了162次轰炸任务，在德国上空投下了665吨重的炸弹，其中有552吨投放在德国西部。由于轰炸而丧生的德国平民人数不可计数，但英军则在这些行动中损失了450架飞机。

重型轰炸机

第一次世界大战中应用颇广的重型轰炸机一般负责远程战略轰炸任务，轰炸目标多为军事设施和工业区，但也有许多平民在其轰炸中丧生。

1913年，伊格·西科尔斯基设计了世界上首例四引擎飞行器，即"勒格兰德"民用飞机。而俄国于1914年8月订购的西科尔斯基IM型飞机，则是以"勒格兰德"为基础改良得到的一款军用双翼飞机。IM系列的驾驶舱里共可容纳6名机组成员，最高时速可达96千米，配有两把防御用机关枪，并可携带535千克重的炸弹。IM系列也是第一次世界大战爆发时世界上最厉害的一种重型轰炸机。1915 年 2 月，IM 轰炸机开始在波兰东部执行轰炸任务，随后又渐渐地将打击范围扩大到了奥匈帝国和德国以内。俄军的 73 架轰炸机在 1914~1917 年共出动了 400 架次，其中只有一架在击落了三架敌军战斗机后被袭坠毁，两架因为各种机械故障而退役。总体来说，其战绩昭彰且坚不可摧。

意大利的设计

意大利的空军是一队初出茅庐的新手，直到 1915 年才勉强地做好了空战的准备。但这样孱弱的意大利空军却拥有卡普罗尼型远程轰炸机。之所以选择这种飞机，是因为意军在国内的主要作战区域以山区为主，普通轰炸机很难在具有这种地形的地区顺利地执行战略轰炸任务，而远程轰炸机正好可以飞到奥匈帝国和巴尔干地区的战场参加战斗。意军开发的 4 款三引擎卡普罗尼系列轰炸机（代号为 Ca2~Ca5）中有双翼飞机也有三翼飞机，总产量为 750 架。诞生于 1918 年初的 Ca5 是一款四座双翼飞机，共制造了 280 架，被意军视为战略轰炸的顶梁柱。

哥达式轰炸机的威胁

1917 年 6 月，来自根特空军基地的哥达式 G 系列双引擎双翼飞机开始对伦敦进行首轮持续性战略轰炸。该系列飞机从 1915 年开始为德国服役，共有 G-I~G-V 的 5 种型号，是德国陆军航空部队重型轰炸机中最重要的一类。其中，G-IV 型可容纳三名机组成员，时速达 140 千米，可一次性飞行 480 千米，是数量最多的一款哥达飞机。除此之外，德国还以西科尔斯基的 IM 型飞机为基础，开发了体型比 G 系列更大的"巨型飞行器"，并于 1916 年末投入使用。当时的飞机制造并没有一个明确的行业标准，所以有很多军工企业都可以制造双翼轰炸机，而齐柏林－斯塔肯公司则是个中翘楚。1917 年中期，该公司制造的四引擎 RVI 型飞机面世。这款飞机可搭载 7 名机组成员，配备了 3 把防御机关枪，另外还可携带 18 枚炸弹。

英国的反击

英国制造的 46 架汉德利培吉 O/100 型和 550 架 O/400 型双引擎飞机是英军最主要的重型轰炸机，分别于 1916 年 11 月和 1917 年末开始进入英军服役。由于在日间任务中损失惨重，O/100 型轰炸机后来大多选择夜间出动。1919 年时，英国独立空军部队曾非常殷切地期盼这两种飞机能够肩负起对德战略轰炸的任务。然而出人意料的是，最终达成此项任务的却是其他体型较小的轰炸机。除此之外，英国还开发过以四引擎的汉德利培吉 V/1500 型和双引擎维克斯维米型为主的重型轰炸机，但均未在第一次世界大战中投入使用。

1916 年——消耗之年

协约国原本计划在 1916 年把火力集中到欧洲战场，在西线、东线和意大利前线同时发动进攻，但选择"坐东打西"的德国却快人一步，抢到了先机。2 月里，德国发动了第一次世界大战中历时最长的一次对抗——凡尔登战役，并在该战役初期的几个礼拜里就基本打垮了法国的军队。由于战争形势急转直下，协约国方面不得不将进攻计划提前，但这也只能稍微缓解一下法国的窘境而已，不可能因此就彻底地打败德国。

无论是谁发动的进攻，基本出发点都是要打破僵局。但后来的战况证明，这种期望也许更应该说成是不切实际的奢望才对。德军发动的凡尔登战役让包括其本身在内的所有参战部队伤亡人数直线上升，却没有让任何一方在此战中捞到半点好处；发动索姆河会战的英军还没得意几天就被敌人反踹了一脚；开局颇顺的俄军在布鲁希洛夫攻势维持几周之后也陷入了僵持；意大利与奥匈帝国的对抗毫无进展。甚至连海上战场也胜负难定——日德兰海战是第一次世界大战中规模最大的一次海上战役，但参战的英德两方打到最后也始终无法冲破对方的防线。

凡尔登——德军出击

德国陆军总参谋长艾力克·冯·法金汉在 1916 年做出重大决定，要让军事重镇凡尔登成为法国陆军部队的葬身之地。但德军在此战中的重大伤亡，却给了这个计划一记响亮的耳光。

事件重点：
时间： 1916 年 2 月 21 日 ~ 12 月 18 日。
地点： 法国东部，凡尔登。
结果： 战事再次胶着，德法双方伤亡惨重。

在 1915 年间专心东进的德国将领，到 1916 年时开始回头安排西线的攻势了，而他们的首选打击对象正是法国。冯·法金汉认为，按照法国人那种一点亏都不肯吃的脾气，他们为了保住现有的阵地才不会计较伤了几条人命，更不会顾虑在夺回失地的过程中是不是血流成河。只要能把法军耗到打不动了，法国政府就会求和，而法国的战败还将进一步促使英国要求停战。

法金汉把这场消耗战的舞台选在了默兹河畔的凡尔登。虽然这个小镇被协约国的堡垒重重包围，但附近却正好有德国控制的一个铁路末站，可以保证在战斗过程中为德军源源不断地提供弹药补给。而且小镇周边的协约国防线早已被打得只剩下空壳了，很多堡垒里连一门炮都没有。德军把这次行动命名为"格里齐特"，意为"审判"或"刑场"。威廉皇储率领的德国第五集团军秘密携带了 1200 门大炮和 300 万枚炮弹，在一段狭窄的火线上发动了进攻。

杀戮的开端

原定于 2 月 12 日开始的"审判行动"，却由于雨雪而受到了阻滞。这样的天气不仅让准备工作无法顺利进行，也让炮火攻击失去了准确性。还好，天气在 8 天之后终于有所好转，21 日，行动正式开始。此次战役也按照堑壕战的惯例由密集的炮轰进行预热。德军在一个小时以内就向法军阵营发射了 10 万枚炮弹，而到进攻方开始挺进无人区时，这个数字已经上升到了 100 万——隆隆的炮火声中，交叠的弹坑竟然形成了一个月形的巨大凹槽。虽然幸存的法军士兵奋力反抗，但德军的钢铁之师却以无可抵挡的气势步步进逼。25 日，德军部队占领了一块可以俯瞰默兹河的高地。法国多奥蒙特要塞失守，试图反击的法军部队则伤亡惨重。

表面上看起来，法金汉的计划就要得逞了，但此刻，德军的厄运也已悄然降临。在战役打响的第一个星期里，德军的伤亡已达 2.5 万人，而德国占领多奥蒙特一事在法国人中掀起的一股爱国浪潮，竟然为法军提供了反败为胜的契机。

面对铺天盖地的责难，法国总参谋长、陆军元帅霞飞却表现出了惊人的冷静。他首先请求索姆河附近的英国军队接管法国第十集团军负责的区域，以便法军能腾出兵力支援凡尔登；接着，他又安排诺埃尔·德·卡斯特瑙在援军未到时临时负责凡尔登防线；而新任的亨利－菲利普·裴坦则将随即奔赴凡尔登，负责整体防御的指挥。此外，为了将部分德军火力吸引到东线战场以减轻西线的压力，他还请求俄方将原定的那洛克湖攻势提前进行。

持续的进攻

裴坦将军在 27 日终于赶到了凡尔登，甫至战场，他就立即下令，将火力集中到德军的进攻特遣队身上。德军的损失因此骤增。3 月 6 日，德军改变策略，开始在战场北部和西北部寻求突破点，但这次尝试最终于 4 月初在莫特霍莫山脊附近的高地被法军挫败。此时，德军的火线向东已经推进到了莫特霍莫，并在长达两个月的猛攻后，于 5 月 29 日夺取了这个地区的控制权；而长期被德军围困的沃克斯要塞也于 6 月 7 日沦陷。别看法军好像被打得很惨，其实德军的处境也好不到哪里去。法金汉原本只想用这场战争消耗敌人的战斗力，没想到最终却把自己的军队也给搭了进去，正是"起心害人终害己"。

索姆河首日

在扩编后的英国远征军里，无论是军官还是普通士兵，所有人都急切地盼望能在索姆河上取得一次决定性的胜利，但这个胜利的美梦在索姆河会战开打之后几个小时内就被无情地粉碎了。这场战役也逐渐演变为一场要用加时赛来决定胜负的争斗。

事件重点：
时间： 1916 年 7 月 1 日。
地点： 法国北部，索姆河附近。
结果： 英法联军有小小的收获，伤亡较少，但战局并未取得突破。

英国在 1914 年派出的那支小规模远征军在当年年底就已经所剩无几了，这也导致英国方面在 1915 年根本无力发动任何有效的进攻。1916 年，英国新军的出现彻底改变了这一局面。这支部队是由无数志愿者组成的，在走入实战之前已经进行过一定军事训练。他们计划先袭击亚眠和佩隆那之间索姆河北段的皮卡迪，然后与骑兵部队会合，将德军的防线撕开一个口子，并趁机拓宽自己的阵地。原本要参加此次行动的法国部队因为要增援凡尔登而被迫撤离，于是，战斗的重担就全部落在了英国军队的肩上。

英军的打算

海格将军的计划十分谨慎。参与这次行动的英军共有 75 万人，其中，亨利·罗林森率领的第四集团军是此次进攻的主力，而埃德蒙·艾伦比将军的第一集团军则将作为右翼从北部为其提供支援。出发前，英军士气高涨，那些从未上过战场的新军士兵更是摩拳擦掌、跃跃欲试。

在长达 8 天的轰炸序曲之后，7 月 1 日，行动正式开始。压抑已久的英军早上 7:30 便离开阵地，迈着绅士的步伐，坚定地开始穿越无人区向德军火线走去，但一个个直挺挺的血肉之躯却在德军的机关枪和高爆弹前相继倒下。英军还没碰到德军的铁丝网和战壕就被打趴下了，而那些重兵把守的村庄则更是连影子都还没看到。战场南部的法国第六集团军在马利·菲乐的领导下倒是打得不错，但这也改变不了协约国整体惨败的事实。这一天里，英军损失了 57470 人，有 19240 人死亡；而德军死亡 4000 人，另有 2000 人被俘。

失败的原因

一场精心设计的战斗为什么会败得一塌糊涂？简单来说，这是战前预备炮击的失败造成的。首先，在这么长的一条战线上，英军准备的野战炮不仅数量有限，而且炮弹的威力也弱得离谱，根本没能给德军的防御工事造成有效的打击；其次，只有用高爆弹才能破坏的铁丝网和战壕里的防空洞，英军竟然用混杂了很多哑弹的榴霰弹去打；最后，弹幕射击的时间拖得太久，正式进攻的时间太迟，而德军正是趁着这个时间差从防空洞里钻出来布置火力的。

但海格压根就没准备第二套方案来应对 7 月 1 日的失败。这

是因为他知道：英国新军是一支未经实战考验的部队，他们除了
按照训练里教的内容一步一步地接近敌军之外，根本就不懂得何
谓战场生存之道。而根据当时的通信效率，无论战场形势如何变换，
等他知道时"新闻"都早已变作"旧闻"；同样的，无论他发出
怎样的指令，等传到前线时也已不可能再适应战局了。

对于英军来说，索姆河首日可谓第一次世界大战中最黑暗的
一天。

机枪

在整个战争过程中，无论是进攻还是防御，机枪都很常用，
并且是最有效的武器。在 1914 年战争刚开始时，机枪还很少，但
到战争末期，其使用数量就相当大了。

现代的机关枪是从 19 世纪下半叶开始发展起来的。1914 年，
几乎所有的军队都配备了机关枪，而装备总数则随着战事的推进
而不断增加。一挺重型机关枪每分钟可以发射 400~600 发子弹，
对于由 80 或 80 人以上的步兵组成的行动队来说是完成任务的好
帮手。由于机枪可以固定在战壕里直接对来袭者开火，所以非常
适合用在防御行动中。但它们也能满足进攻行动的需要，只是在
这种情况下步兵需要把机枪高高举起，以使子弹从前方战友上方
飞过，再在重力的作用下落到敌方目标的头上。

这种武器一般可以分为三个部分：一个用来固定的底座或底
橇、机枪主体，以及用来给枪管外裹着的"水套"灌水的水壶——
在水套中灌水是为了防止枪管过热。法国从 1914 年开始采用的霍
奇基斯型和美国的寇特型（Colt）机枪则属于较为少见的空气制冷

型机枪。用来给机枪装弹的供弹带有的是 30 发一条，而用机织布或金属带作为联接、子弹数更多的供弹带则更为常见。

行动中的麻烦

重型机枪名副其实，大多数都在 32~40 千克——这还不算每挺机枪开火所需配备弹药的重量，例如，英国维克斯重型机枪的标准配置是 16 条 250 发的供弹带（打光了还能再领），每条就有 10 千克重。这么重的东西可不是动动手指头就能推动的，如果士兵们在交战时想要改变一下开火位置，非得你拖我推、齐心协力不可。但在休战时他们则会把机枪拆开，用骡车或者手推车来运，要操作一挺机枪至少需要 2~3 名机枪手进行配合。为了满足机枪快速发射的需要，还得专门安排人来背弹药，所以战场上多数的机枪后都有一个 4~6 人的小组。

轻型机枪

为了适应战场的需要，手提式轻型机枪应运而生——这下机枪手总算能赶上步兵的进攻步伐了。这种机枪的重量一般为 10~14 千克，其中接近 10 千克的较多。在理想状况下，气冷机枪每分钟可发射 250~600 发子弹。轻机枪可用供弹带或弹匣装填子弹，而弹匣则较为实用。德军给 08 型机枪加上一个枪垛后制成了 08/15 型机枪，而法国生产的乔奇型轻机枪不仅是法军在第一次世界大战中的标准配备，也在其盟友中流行了好一阵子——协约国军队一共配备了 25 万挺乔奇轻机枪，其中美国于 1917 年订购了 3.4 万挺。但由于缺乏行业规范，流行一时的乔奇枪轻是轻了，却不够耐用。

第一次世界大战中最好的轻机枪应属刘易斯型，这种机枪是美国 1911 年设计的，后来在比利时和英国的军工厂里得以批量制造。虽然这种枪对于战地移动来说还是沉了些，但性能却很稳定，因此不仅是比利时和英国步兵部队的基本配置之一，更被用来武装飞机、汽车和坦克。

凡尔登——法军复苏

法国军队在凡尔登战役之初元气大伤，咬着牙慢慢地撤到了德军火力范围之外。缓过劲来之后，他们在战役的最后几个月里发动了强有力的反攻，终于夺回了许多重要的阵地。

1916 年 2 月，德军在凡尔登地区发动了一场以空耗法军战斗力为目的的消耗战，但就在战争爆发后一个月左右的时间里，战事的发展就已脱离了德军的掌控。正如法金汉所料到的，法军为了捍卫自己的领土付出了骇人的代价，但他没有料到，不停轰鸣的"丧钟"却并没有激起法国人求和的念头。更糟糕的是，德军自己也被拖入了兵力消耗的泥潭。战事进行到 6 月初，形势的指针开始向法国方面偏移了。

法国的新策略

造成形势转变的原因有很多，其中最重要的一条就是法军在凡尔登迎来了一位颇具雄才大略的新主帅。2 月 26 日，裴坦将军抵达凡尔登，接管第二集团军，战局开始逆转。当时，法国全军的 330 个步兵团里有 259 个在凡尔登。为了不让战士们死守前线、白白牺牲，为了保证军队的战斗力，裴坦决定采用"轮流应战，部分休整"的战斗模式，即镇守前线的将士们也不必勉强还击，只要保证阵地不失就算完成任务。裴坦的到来还使得弹药装备和衣食补给的情况大为改善。

支援凡尔登

当时，进出凡尔登的主要公路和铁路都早已被德军切断，只剩下一条通往巴勒迪克长约 64 千米的二级公路。而这条被称为"神圣之路"的公路上，不仅有德国重炮把守，更有上千名工兵随时候命。但是，为了给防守部队提供充足的供给，裴坦也顾不了那么多了。在他的安排下，法军的卡车每天在这条道路上像钟摆一样来回地输送大批弹药和成千上万的士兵。

同年 4 月，裴坦升任战斗组团总司令，接替他出任第二集团军总司令的罗伯特·尼韦勒则按照他的方针继续打理军队。6 月 4 日，俄军发动布鲁希洛夫攻势；7 月 1 日，英军发动了索姆河会战——盟友们的这两次行动大大地分散了德军的火力，逼得 15 个德军师级部队赶往东线救急，着实给裴坦帮了大忙。虽然这场战役在夏末进入了僵持阶段，但法金汉也为自己的失误付出了代价。8 月 29 日，陆军元帅保罗·冯·兴登堡和埃里克·鲁登道夫取代法金汉成了德军总参谋长，而这两人决定迅速结束在凡尔登的战斗。

秋天到来时，战役的主动权彻底落到了法军手里。查尔斯·曼金的法国第三集团军于 10 月 24 日率先发动进攻，当天就夺回了被德军占领已久的多奥蒙特要塞；11 月 2 日，该部队又夺回了自 6 月 7 日起就落入德军之手的沃克斯要塞。12 月中旬，战况终于有所缓和，此时德军手里只剩下开战时抢来的一小部分阵地了。

凡尔登战役是第一次世界大战中持续时间最长的一次对抗，交战双方在此过程中都吃够了苦头。战役结束时，法国的伤亡总数高达 54.2 万人，而德国也折损了 43.4 万人。在这些骇人的数字里，50% 以上的士兵再也没能活着离开凡尔登。

堑壕战使用的武器

堑壕战的发展对作战技巧和武器装备都提出了全新的要求。堑壕战里使用的武器一般都比较适合于短程攻击，最有代表性的就是手榴弹和早期的半自动机关枪。

经过一段时间的实战后，人们发现使用常规武器根本就无法有效地肃清敌方战壕里的有生力量。换句话说，要想在堑壕战里占到便宜，就必须开发出一些适合这种战斗形式的专用武器——这种武器不能像一般的野战炮那么笨重，但在短程攻击中又得比步枪和刺刀的杀伤力大，而且还得具有普遍的适应性，不能像夜间突袭时使用的短棒、指节铜套和宽刃刀那么小家子气。

最终，还是手榴弹的诞生给战壕里的士兵们带来了福音，从此以后，他们可以不必冒着敌军的火力威胁发动进攻，只要把手榴弹对准目标扔过去就可以了。嗅觉灵敏的德军立刻把这种新式武器视为至宝；其他国家的反应则慢了半拍，而最为"慢热"的当属英国——由于组织上迟迟不肯将手榴弹作为官方配置，前线的英军士兵们只好自己动手，用罐头盒装上削尖的金属片和火药，然后插上引线做成"土制手榴弹"。在第一次世界大战中出现过的手榴弹光是正式的型号就有很多，其中最为成功的除了德国的木柄式手榴弹之外，俗称"菠萝"的英国米尔斯手榴弹也颇受协约国和德国的欢迎。

火焰喷射器

德军在 1901 年就开始试验的火焰喷射器终于在第一次世界大

战里派上了用场。当时的火焰喷射器分为两类：一类是可独立负责阵地防御的固定式喷射器，一类则是在主动进攻敌方阵地时可以采用的移动式喷射器。虽然这两种喷射器的用法不同，但工作原理却是一样的：它们利用氮气助推，将石油和汽油混合而成的燃烧剂通过一根管子压出汽缸之外，再用喷口处的点火装置将混合气体点燃。

德军使用的两款火焰喷射器都是移动式的。其中，射程为 25 米的"克雷夫"（意即小型火焰喷射器）较为笨重，光是燃料桶就和一个牛奶搅拌机差不多大，所以必须由一名士兵背着，再由另一名士兵负责瞄准和开火。而可以攻击 20 米范围以内目标的"维克斯"喷射器则要轻巧得多，救生圈大小的燃料桶只要一个士兵就能轻松地背起来了。

一个名叫席尔特的法国消防队队长发明的同名火焰喷射器则是法军的主要装备。这种喷射器的燃料储备更充足，可以在长达 30 米的攻击范围内连续进行 10 次火焰喷射。英军研发的诺里斯－蒙申型和劳伦斯型火焰喷射器却由于体型过大而一直被搁置，它们的缩小版直到 1918 年的泽布勒赫袭击战才得以使用。

其实，火焰喷射器的效果是精神威吓大于实际伤害，而且由于使用者必须非常接近目标才能发动袭击，说不定还没烧到对手自己就已经被打死了，所以使用这种武器也是很不划算的。

半自动机关枪

于 1918 年初得以批量制造的 9 毫米口径伯格曼 18/1 式机枪，是一款重量轻、易携带的半自动机关枪，其唯一的缺点是弹匣只能装 32 发子弹，但无论如何这已是当时最适合堑壕战的武器了。当年中期，已经无力发动有效进攻的德国军队开始大量使用这种机枪，受害颇深的协约国在战后还心有余悸，甚至在《凡尔赛条约》

里还专列了一个条款来限制这种机枪的制造。

索姆河上的消耗

尽管英军的美梦在索姆河首日就已经破灭了，但他们并没有放弃，反而坚持作战 140 余天。而英军发动的一系列进攻不仅震撼了敌人，更让德军部队损失了许多经验丰富的老兵。

虽然开战首日就出师不利，但英军却不肯结束在索姆河地区的战斗——协约国需要用这样的手段来分散德军的兵力，特别是在凡尔登的法军面临灭顶之灾的当下，英军更不能临阵退缩。在这样的情况之下，损失惨重的英军硬是在索姆河上挺到了当年的冬天。当时英国远征军在法国境内的所有师级部队都参与过该地区的作战，其中不少部队还打了不止一仗。需要说明的是，"索姆河会战"是一个泛化的概念，包括了从 7 月初到 11 月底这段时间里一系列的进攻。具体来说，整场战役以 7 月 1~13 日的艾尔伯特之战为起点，在 11 月 13~18 日的昂克尔河之战后结束。而英军发动的最大攻势就是 7 月 1 日那一次，之后的进攻不仅规模较小，袭击的目标也都没有那么重要。

英军在艾尔伯特之战中的伤亡很快被其他战斗的损失湮没了：7 月 23 日~9 月 3 日，波奇尔斯之战开始；9 月 26~28 日，西配瓦战斗打响；10 月 1~11 日，昂克尔高地之争爆发。在这些爆发在艾尔伯特至巴波姆公路沿线的战斗中，英军一点一点地蚕食着德军的阵地。9 月 15~22 日，英军在弗勒斯－卡斯莱特之战中首次启用了坦克。虽然不少机组在登上战场后没多久就败下阵来，但却给德军造成了很大的恐慌，不少士兵四散而逃，趁机跟进的英军就这么轻轻松松地占领了他们的阵地。

战役后果

这次战役正式结束的时间是 11 月 14 日，此时距离 7 月 1 日的首轮攻击已经过去了 140 多天。虽然在开战首日就有无数英国新军的志愿兵白白丧命，但在整场战役死伤、失踪的 130 万人中只有 40 万是英军士兵，所以总体说来还是协约国获胜了。经过近 5 个月的对抗，英法联军将阵地前沿推进了 10 千米，但火线北段的联军和巴波姆之间却还有 6.5 千米的距离，死活够不着这个原本在开战当天就该夺下的阵地。不过，既然英军发动索姆河会战的目的只是为凡尔登的法军分散一些德军的火力，那么自从德国前参谋长法金汉往索姆河地区派出第一支部队的那一刻起，协约国就已经赢了。

索姆河会战结束后，德军从上到下都笼罩在一片阴影之中。将军们觉得，德国的战斗优势已经随着 65 万条生命的消逝而消失，这让他们沮丧不已；士兵们则因为作为部队"主心骨"的老兵大批阵亡而士气大降。另外，由于在索姆河和凡尔登两个战场上投入过多，德国开始面临严重的兵力危机，而此时，最高指挥部的错误抉择则把德军进一步推向了崩溃的边缘。

德国的新念头

德国的总参谋长之位已于 8 月易主，此时掌管德军大权的是原第三总司令、陆军元帅兴登堡和鲁登道夫将军。这两个人打算在西线战场上德军的原防御工事后 32 千米处构建一条新的防线，这样，德军的前沿阵地长度就可以大大缩短，从而可以节省很多布防兵力。基于这种构想，"兴登堡防线"于 9 月开始动工，它的建成标志着德国双线作战格局的形成，而这种战略部署也意味着德军将没有能力再在西线发动总攻了。

英制坦克

1916年初，英国研发了世界上第一辆可以投入实战的坦克。虽然这种新型武器在出场后确实取得了不小的战绩，但由于其速度极慢，经常出现技术故障，所以一时还无法发挥最大的攻击能力。

世界上第一批坦克出现于英国，是在许多机构和研究人员的合作之下，以配备了武器的装甲车为蓝本慢慢发展出来的。虽然从概念到实体的酝酿时间比较长，但"试验田"里的坦克却很快就得以进入实战场了。试用版的坦克代号叫作"母舰"，首次落地时间是1916年1月，机身呈扁菱形，两侧装有鳍状的"小炮塔"。马克I型坦克从4月开始批量生产，并于9月的索姆河会战中正式参加实战。

闪亮登场的坦克用自己庞大的体型和坚固的装甲将德国士兵吓得连滚带爬地跑出了战壕，但其作战效果却在那之后便急转直下。首先，操纵坦克的士兵在这样狭小封闭的环境里被闷得头昏脑涨，很快就病倒了；其次，当时的坦克性能还很不稳定，经常出现技术故障，而战场的泥泞也常常害得坦克寸步难行。但无论怎么说，跟使用者的预期比起来，坦克的表现已经算是很不错了。

坦克的"性别"

坦克的"性别"之分是以其配备的武器为标准的："雄性"坦克一般配备的是两门轻炮和四挺机关枪，而"雌性"坦克则只有单纯的6挺机关枪而已。马克IV型是第一次世界大战中最常用的坦克之一，于1917年4月开始投入战斗。这种型号的坦克"雌雄"兼备，其中"雌性"有595辆，"雄性"有420辆。但后来"雌性"中有不少的右侧枪台被换装为炮台，所以又出现了"中性"坦克。

人们对坦克的优势、劣势分析得越清楚，这种武器的发展也就越快。要对付德军的反坦克壕，其中一种方法就是把坦克的"小脚"变成"大脚"。为了达到这个目的，设计师们先是在坦克尾部挂上了一种绰号叫作"蝌蚪尾巴"的外设装置，但这种东西却很不耐用，于是人们改变策略，直接将坦克整体加长。不过还有一种更简单也更常见的办法，那就是在坦克顶上随时都备着一捆柴火，遇到有坑就把柴火卸下来填进去，这样坦克就可以在临时搭成的"桥"上顺利前进了。早期款式的坦克都是随便用一些圆木或灌木枝子来搭桥的，到后来就逐渐演变为专用的金属栅栏了。而当坦克面对泥泞的战场和无人区的弹坑时，则可以在底部用木棍做成"防坑装备"，或是用金属盘加宽坦克的着地面积，从而减轻坦克对地面的压强。

速度更快的型号

坦克的优势在一次次战斗之中日益显现，而英军则不仅开发出了更灵巧的坦克以配合骑兵的进攻，研制出了专门用来突破敌军防线的重型坦克，还于1917年10月造出了第一辆绰号"赛犬"的中型坦克马克A型，并于1918年3月26日将之投放战场。

看好坦克的人把它们捧上了天，不看好的则又把它们踩下了地，其实坦克本身的表现正好介于两者之间。1917年末的坎布莱之战中，坦克发挥了非常重要的作用，但在帕斯尚尔之战中，坦克的表现却又糟糕透顶。整体来看，这种武器虽然无法打出制胜的一击，却也不至于拖部队的后退，只是由于技术不可靠，就一直这么"中庸"地在战场上存在着。

俄国支援盟友

英国人在索姆河上跟德国人缠斗的时候，俄国人也没闲着。为了尽到盟友的责任，尽可能地帮助法国缓解凡尔登地区的压力，俄军的阿里克谢·布鲁希洛夫将军带领部队向德军发动了一次相当成功的大规模攻势。

1916年，已经答应协助盟友的俄国在了解到凡尔登法军濒临溃败的情况之后，只好把原定的东线袭德计划提前。由于他们有两支部队当时正好在那洛克湖地区作战，所以俄国总参谋长米哈伊尔·阿列谢夫将战场选在了普利皮亚特沼泽北部、维尔纳地区，并从阿列克谢·埃沃特将军率领的西部作战组团中，抽调第二集团军担任先锋。而奉命与俄军进行首轮对抗的，则是陆军元帅冯·艾科恩率领的德国第十集团军。

俄国第二集团军于3月18日开始挺进，但却遭到了德国战壕里发出的致命的火力攻击。这次战斗于4月下旬结束，艾科恩以2万人的代价给俄军制造了10万人的伤亡。俄军牵制德国火力的首次努力至此宣告失败。

布鲁希洛夫的新计划

5月中旬，由于受到奥匈帝国的冲击，意大利急急忙忙地向俄国求援，俄军第二次对轴心国的进攻由此在意大利拉开了序幕。因为对战场情况还不甚了解，俄国最高指挥部一时感觉无处下手。阿列谢夫倒是提了一个建议，说是可以在北部发动进攻，不过由于准备时间长达两个月，所以也没怎么引起大家的兴趣。最后，还是阿里克谢·布鲁希洛夫想到了一个可以在几周之内就付诸实施的计划。

经过仔细的分析，布鲁希洛夫认为此时不宜进行重点突破，而应该将战线拉长，给敌人以全面的打击。他麾下隶属于西南战斗组团的集团军虽然人数上并没有什么显著的优势，但却是最适合执行这项任务的部队。当然，为了达到出奇制胜的效果，他还制定了一些专门的计策。但他的同僚们却不认同他的计划，认为在势均力敌的情况下发动全面对抗无异于自寻死路。双方各执一词，争执不下，直到5月下旬意大利战局恶化，阿列克谢才不得不放权给布鲁希洛夫，让他按照自己的思路发动进攻。

俄军此次的进攻对象，是驻扎在普利皮亚特沼泽和罗马尼亚国境线之间的5支奥匈帝国集团军。6月4日，俄军首战告捷，成功地将奥国军队推到了火线之后很远的地方；在接下来的两个星期之中，布鲁希洛夫的军队又抓获了20万名奥军俘虏。俄军此战最成功的地方是将奥国第七集团军给打回了喀尔巴阡山地之中。这次攻势也是俄国在第一次世界大战中发挥作用的最佳体现。

伤亡数字

本次俄军攻势于秋天结束。虽然攻势后期的效果不如最初几天那么明显，但俄军依然斩获颇丰。而在此战中分别损失了35万人和100万人的德奥两国，则纷纷灰头土脸地结束了其在意大利的攻势，其中德军更是不得不从西线调兵前来支援。不过，俄国也为这场胜利付出了极大的代价：除了上百万人死伤、被俘之外，在攻势结束之后，俄军的士气也由于惨重的伤亡而衰退得非常厉害。

罗马尼亚战役

　　1916 年，罗马尼亚宣布加入协约国阵线，但这只不过是因为该国想趁乱将奥匈帝国的部分领土窃为己有罢了。没想到，罗马尼亚此举却"偷鸡不成蚀把米"，彻底惹恼了同盟国。在短短几个月的时间里，德奥大军不仅攻破了这名投机者的大门，更席卷了其国境内几乎每一寸领土。

　　战前的罗马尼亚连一支配备现代化武器的部队都没有，全国的兵力也只有区区 55 万人而已。但就是这么一个孱弱的小国，在第一次世界大战爆发后却成了一个香饽饽。协约国和同盟国都争着大献殷勤不说，要是从其首都布加勒斯特传出点消息说罗马尼亚打算支持谁了，谁还都得精神大振不可。而德国无疑是其中最诌媚的一个——谁让他们的粮油产地在这里，连往奥斯曼土耳其运兵都得仰仗罗马尼亚的铁路线呢。罗马尼亚政府对此的态度则很暧昧，典型的"风往哪儿吹就往哪儿倒"：今天英国打了胜仗，那就对协约国好一点；明天德国占了先机，又把热脸转给同盟国看。由于罗马尼亚国王费迪南德和德皇威廉二世是表亲，而他的妻子玛丽公主则是英国女王维多利亚的孙女，所以皇室成员内部也因为各自的立场而存在着小小的分歧。

罗马尼亚选择阵线

　　1916 年中期，俄国的布鲁希洛夫攻势大获成功之后，德国立刻知会罗马尼亚，任何入侵奥国的行动都会招致德国的武力回击。保加利亚和奥斯曼土耳其也依样画葫芦，纷纷强调自己同盟国的联盟立场。德、奥、保、土四国一边恐吓罗马尼亚，一边开始制订秘密入侵该国的计划。但他们低估了协约国的外交能力，没想到罗马尼亚会在"打败奥国、瓜分领土"的诱惑下动心，而俄国在这场胜利攻势后的收获也帮这个摇摆不定的中立国下了决心，在 8 月中旬签署了军事协议。之后的 27 日，罗马尼亚主动对同盟国宣战了。

罗马尼亚的一纸战书也宣判了法金汉最高指挥头衔的死刑。这位总参谋长误判战局，以为俄国不会在 1916 年发动系列攻势，更连累德军部队在凡尔登死伤无数，德国野心勃勃的将军和政客们早就想把他赶下台了，现在有这么多小辫子可抓又哪里还会手软。8 月 29 日，法金汉签署了辞职信。作为"反法金汉"小集团的首脑，两名来自东线战场的高级将领——陆军元帅保罗·冯·兴登堡和自称"军需总监"的艾力克·鲁登道夫——登上权力巅峰，并将从此负责指导整个德国战车的走向。而以他们为核心组建的参谋机构即被称为"第三最高指挥部"。

新官上任三把火，德国的"双头"指挥部立刻开始对付罗马尼亚。奥匈帝国境内的特兰西瓦尼亚是 300 多万罗马尼亚人的老家，所以当罗国军队奉命北上进攻此地时，士兵们并不是非常情愿。带着抵触情绪的罗国军队走得非常慢，没精打采地从特兰西瓦尼亚境内的阿尔卑斯山脉的 4 条小路上穿了过去。不过，德国很快就会给他们打一剂致命的"强心针"了。德国前总参谋长法金汉现在是德国第九集团军的总司令，虽然仕途受挫，但他至少还保留了自己的部分军事指挥权，因此迅速地调集部队，不仅让罗国军队吃了一个大大的败仗，还把他们逼退到了罗国的瓦拉几亚省境内。另一方面，以陆军元帅奥古斯特·冯·麦肯森为前锋的保－德多瑙河集团军也自萨洛尼卡的火线赶来，从南面侵入了罗马尼亚的多布鲁达省。

罗马尼亚战败

1916 年 12 月，持续 4 天的阿尔戈斯河之战决定了罗马尼亚的败局。12 月 6 日，罗国首都布加勒斯特沦陷，罗国政府和王室迁往全国唯一没被攻陷的摩尔达维亚省，并临时驻于其首府雅西。本来规模就不大的罗国军队，在宣战后用 30 万人的生命给 12 万侵略者陪了葬，仅剩下一支向俄军方向逃命的集团军没有殉国。在战前被派往罗国搜集情报的英国政治家约翰·诺顿 - 格里菲斯，此时沉着地派人破坏了罗国的炼油设施，并烧掉了该国大量的存粮，不过这些手段其实也只能给德国的供给暂时制造一点麻烦而已。

伪装

为了躲过侦察机和系留气球的搜寻，避免被敌方火力击中，保护重要的设备和军事给养，所有参战国都开始积极发展伪装隐蔽技术。

视觉欺骗是最基本的"伪装"，而这种战场上的常用伎俩，古已有之。在侦测技术还很不发达的时候，侦察兵最可靠的工具就是自己的双眼，视力所及之处就是观察范围，所以要躲开敌人的观察也很简单，只要找个高一点的遮蔽物挡一挡，或是把两军之间的距离拉大到敌人的观察范围之外就行。美国内战（1861~1865年）和普法战争（1870~1871年）中系留气球的普及曾使得传统的隐蔽方法效果大减，但即便如此，站在高处的侦察兵也不过是多了一个双筒望远镜而已，侦察效果依然很不理想。而第一次世界大战中飞机的出现则为伪装技术的推进提供了莫大的动力，普通的隐蔽手段根本无法躲过搜索面积极广的飞机侦察，从此，伪装真正演变成了一种因时而动、因地制宜的艺术。

隐藏的计划

从某种意义上来说，第一次世界大战也是一次"给养之战"。火线后方的区域一般都堆满了各式各样的补给品，在准备大规模攻势的时候，补给储备量还将急剧增加。粮草的重要性使之无论在哪里都成了最有诱惑性的攻击目标，而为了保护这些重要物资不受敌军飞机或炮火的威胁，人们有时把它们藏在森林里，有时则用网子把它们罩起来。英军甚至还专门辟出了专供坦克集结的伪装阵地，保证坦克部队在接到进军命令以前可以安心地养精蓄锐，也只有这样，才能让这些"隐形战车"在敌军阵地前突然出现时给对方以惊吓。而此时英军对伪装的理解更是已经超出了视觉这一层面，将听觉效果也纳入其中。在坦克部队出动时，他们还会派出一小股飞行部队，用飞机引擎的轰鸣遮盖坦克前进时发出的隆隆声，从而分散敌人的注意力，干扰对方的侦察。

在接近火线的地方隐蔽，不如在后方那么容易。而为了隐藏最容易被敌军观察到的交通要道，士兵们常在道路两旁挂起一种类似晾衣绳的伪装物，这样，当有战车或部队从这里经过时，敌人就只能看到士兵们"晾"在那里的东西，而看不到具体的军事动作了。

观察岗

火线是新伪装最好的试验田，英军则以其无处不在的巧思妙想成了最佳伪装部队。当时，谁要是敢在光天化日之下把头探出战壕之外侦察敌情，那他不是脑子有病就是不想活了，为了解决白天无法进行阵地观察的难题，英军发明了一种形似枯树桩的观察哨。

说到底，最好的伪装还是黑暗，这也是为什么很多行动都选择在晚上进行的原因。士兵们往往趁着天黑冲入无人区，挖掘新的战壕，修补被战火冲破的封锁线，或是布置新的战壕袭击，完成监听行动。在寒冷的冬天，有些军队还会换上雪白的战衣。虽然火线之后的行动对伪装的要求较低，但如果是往火线运输粮草之类的话，那还是得尽可能地制造噪音来掩饰运输队的行动。

意大利战场的僵持

1916 年春末，奥匈帝国在意大利战场上发动了首次总攻。虽然奥军在开局时打得还不错，但由于意军不断地在伊松佐河沿岸打一些小胜仗，战场形势很快就倒向了协约国一方。

意大利原本计划在 1916 年夏天时再在伊松佐河沿岸发动一轮攻势，但由于凡尔登告急，法国盟友紧急求援，并不擅长指挥大型战斗的意军总参谋长卡多纳只好出于援助盟友的考虑，把这次行动的时间提到了早春。于是，第五轮伊松佐攻势于 3 月 11 日登场了。可是由于天公不作美，战场天气一直很差，这次无足轻重的行动到 29 日就结束了。

山地作战

伊松佐地区的战斗结果常常能够左右整个意大利地区的战局，但奥国部队却似乎不信这个邪，又在蒂罗尔南部的特伦蒂诺地区开辟了一块战场。特伦蒂诺可以算是一个意语地区，于 1915 年被意军占领。而奥军此战的目的，就是在南部小镇阿奇亚哥切断伊松佐流域的意军和意国大部队的联络。

在凡尔登战斗正酣的德军拒绝协助这次袭击，但奥军总参谋长、陆军元帅康拉德·冯·霍兹多夫却依然坚持在春末发动进攻。此时，在罗伯托·布鲁萨提指挥下驻守伊松佐河的意大利第一集团军共有 10 万人。为了一击即胜，奥军特别安排了科夫斯·冯·科夫沙扎率领的奥国第三集团军和维克托·丹克尔·冯·克拉斯尼克的第十一集团军进行联合作战。这支联军不仅有人数 4 倍于意军的士兵，还有最新配备的 2000 门大炮，更由尤金大公担任总指挥——不过，实际掌权的行动指挥却是康拉德自己。

挺进奥地利

5 月 15 日，奥军开始从 73 千米长的火线向前挺进。29 日，他们在康拉德的指挥下一鼓作气地把意军逼退到了阿奇亚哥之外。但自那之后，由于地形崎岖等众多原因，奥军便气势渐衰，而卡多纳则利用铁路迅速地给伊松佐的意军运来了 40 万援兵。在对手的顽强抵抗之下，奥军突进意大利火线的努力最终失败了。

6 月 4 日，俄军开始进行布鲁希洛夫攻势，东线战事吃紧。为了避免奥国在东线战场全面崩溃，原本分布在各地作战的全体奥军都不得不在一周之内收缩阵线，急急赶往东线增援。面对意军的猛烈反攻，尤金获准后撤到攻势始发地以外 5 千米的地方。双方在这次攻势中战成了平手，各自损失了约 15 万士兵，但奥军却因为此战而精疲力竭，从此只有在德军的帮助下才能发动对意进攻了。

不过，这显然还不能让卡多纳满意，因为他很快又在伊松佐一带布置了新的行动。8 月 6 日，卡多纳从特伦蒂诺调集大批部队，前去攻打戈里奇亚地区早已人困马乏的奥国军队。虽然此战并无亮点，但到意军 17 日攻下敌方阵地时，却已经付出了 5 万人的代价，而经此一役，奥军伤亡已高达 40 万人。双方损失之间的巨大差距让新成立的意大利政府倍受鼓舞，遂于当月 28 日信心百倍地正式对德宣战，而这也使一直跟意大利井水不犯河水的德国开始踏足意大利战场。

在见证了两军的 6 次对抗之后，伊松佐地区又于 9 月 14~26 日、10 月 10~12 日和 11 月 1~14 日爆发了三次奥意对战。不过，这些行动除了造成 6.5 万名奥军折损、7.5 万名意军伤亡及被俘之外，却并没有起到任何其他作用。

上飞机母舰和航空母舰

第一次世界大战于 1914 年爆发时，海军航空技术刚刚萌芽。几年之后，英国用无数次试验换来了可以携载飞行器的战舰，并让之驰骋海上疆场。

为了实现让飞机从战舰上起飞的梦想，英国皇家海军航空部队在第一次世界大战中付出了很大的努力。英军的第一艘水上飞机母舰是由旧式巡洋舰改造而成的"赫尔姆斯"号，该船于 1914 年 10 月被鱼雷击沉。而第一艘真正意义上的航空母舰"皇家方舟"号是由一艘运煤船改造而成的，从 1914 年 12 月开始服役于英国皇家海军。由于渡轮的速度较快，可以配合作战舰队中常规战船的作战步伐，所以英国又在 1914 年后将英吉利海峡的许多渡轮都改造成了轻装型水上飞机母舰。

首战

　　"恩格达恩"号、"女王"号和"里维埃拉"号是 1914 年秋天由英军进行改装的三艘水上飞机母舰。理论上来说，这三艘舰船的甲板都可供有着陆轮的飞机起飞，而它们的绞盘传动装置则可以把装了浮筒的水上飞机从海里拉上舰来，或是把舰上的飞机放下水去。1914 年 12 月 25 日，7 架飞机从这三艘母舰上出发，在库克斯港附近袭击了德国的齐柏林飞艇基地。作为第一次有水上飞机母舰参与的海上航空袭击，此战的意义相当重大。但在这次行动中，三艘母舰里却只有"恩格达恩"号得以在北海上生还；该舰后来又参与了 1916 年的日德兰海战。

　　"彭米克利"号、"曼克斯曼"号和"惠托兹"号是三艘体型较大的改装舰。1915 年 11 月，陆上飞机布里斯托斯科特 C 型首次成功从海上起飞，为海上航空事业树起了一块里程碑。1915 年夏天，"彭米克利"号前往达达尼尔海峡参加战斗；8 月里，一架从该舰上起飞的肖特 184 型飞机由于首次成功用空投鱼雷进行攻击而被载入史册。英军最后一批水上飞机母舰的服役时间是 1915~1917 年，其中包括了由油轮改装而成的"坎帕尼亚"号、"奈拉纳"号和"珀伽索斯"号。这些母舰在战场上的表现一直乏善可陈，而"坎帕尼亚"号还没参加过几次行动就于 1918 年末在一场暴风雨中失了踪，而一直在北海地区服役的"奈拉纳"号和"珀伽索斯"号则于同年驶往地中海战场。

　　法俄两国在研发母舰方面也不甘人后。法国最早的改装对象是一艘鱼雷艇补给舰"闪电"号，1913 年时，这艘改装舰就已经拥有能搭载很多水上飞机的机库了。在那之后，法军又造了 4 艘母舰。其中，"坎皮纳"号是于 1915 年由一艘油轮改造而成的，后来加入了协约国的地中海舰队；而由英吉利海峡的渡轮改造而成的三艘母舰则携手扮演了护航舰（"鲁昂"号）和海峡战舰（"诺德"号和"帕斯得卡莱斯"号）的角色。俄国的 6 艘水上飞机母舰后来都在其黑海舰队中服役。

航空母舰

1916 年，功能越发强大的各式飞行器纷纷面市，而攻克了利用短甲板起飞这一技术难题的索普维斯"斯塔特"型和"幼犬"型等飞机则让各种母舰显得越发重要。配有着陆轮的飞机进行水上作战必须依赖水上飞机母舰或航空母舰，可是这些飞机却有一个致命的缺点，那就是无法在母舰上着陆。也就是说，这种飞机在执行海上航空任务时就变成了一种"一次性"用品，飞行员在执行完任务后，必须弃机跳海才能保住性命。为了解决"一次性飞机"这个难题，英军开始改良各式母舰。于 1916 年末最早接受改良的是"阿耳弋斯"号航空母舰，它是由油轮改装而成的第一艘平甲板型航空母舰；之后，英军又于 1917 年末开始改良由轻型战列巡洋舰改造而来的航空母舰"狂怒"号，使其在 1918 年 3 月时具备了两个起飞甲板和一块附加的停机坪，不过由于舰体上部的中枢结构会造成气流紊乱，所以飞机降落在该舰上还是没有安全保障。除此以外，英军还专门建造了一艘同样名为"赫尔姆斯"号的航空母舰。虽然英军在这方面确实投入了很多，但这些改良版的母舰却直到战争结束也没能投入应用。

萨洛尼卡的军事行动（1916~1917 年）

为了能更有力地与同盟国抗衡，协约国在希腊的萨洛尼卡省倾注了大量的人力物力，试图开辟一块全新的战场。但他们的士兵却被各种疾病折磨得奄奄一息，根本无力发动任何行动。

1915 年末，同盟国摩拳擦掌，准备入侵塞尔维亚，这一举动使得塞国以南的希腊顿时有了一种"唇亡齿寒"的恐惧。在希腊的请求下，协约国答应为其提供紧急军事支援。不过没过多久，希腊似乎又觉得是自己想太多了，想要撤回求援信，但这时协约国的军事"援军"却已经刹不住车了。1916 年 1 月，从塞尔维亚战场上撤下来的塞族士兵在接受了协约国的军备重配后，开始以科孚岛为登陆点，大批涌入希腊境内，到当年 7 月时，已有 12 万协约国士兵驻扎于此。这些"客人"也当真老实不客气，按照协约国的常规作战思路在希腊半岛的收缩部筑起了强化火线。

协约国的苦恼

干劲十足的协约国部队在希腊半岛也没少遇到麻烦，而当地那种易于疾病滋生的环境则是他们面临的一个最严重的问题。本来，希腊多山的地形就是宜守不宜攻的，而协约国的英法军队互不通气的"多头指挥"则又让部队的机动性和杀伤力都大打折扣。当时，派驻希腊的法国将军莫里斯·萨莱尔和英国将军布莱恩·马洪就常常因为缺乏统一的指挥而进行"重复劳动"，糊里糊涂地搅和到对方的行动中去。而对于萨洛尼卡，英法两国的许多政府官员和军队领导都只把它看成一个军事意义不大的次级战场，所以甚少往此地派驻军队，更不要说配给物资了。

首战

按照协约国最初的计划，驻扎在希腊的部队将于 1916 年夏天以瓦达河为中心，向北部塞尔维亚的乌斯库伯（即斯科普里）挺进。但很不凑巧，保加利亚军队却在德军的撺掇下，抢先从塞尔维亚的西南部发动进攻，闯入了希腊境内。8 月 17~27 日，保军在弗洛里纳之战中挫败了协约国军队。萨莱尔在次月发动反攻，并于 9 月 18 日夺回了失地。尽管在此期间萨莱尔和他的同僚们有一些争执，但总算保住了协约国的胜势。

协约国部队决定乘胜追击，一路打到了塞尔维亚境内。11 月 19 日，经过与德保联军 4 天的战斗之后，协约国以 5：1 的伤亡比例将莫纳斯提尔（即比托拉）收入囊中。1916 年，巴尔干地区以独立战斗的形式爆发了一次决战，一支意大利军队在阿尔巴尼亚南部打败了与其规模相当的一支奥国部队后，与萨莱尔的部队在奥克里达湖（即奥赫里德湖）会合。

1916 年间的战斗为希腊北部和塞尔维亚南部之间战场的形成奠定了基础，而这一格局直到 1918 年 9 月前都不会有太大的改变。1917 年时，手握 60 万重兵的萨莱尔曾试图打破战场上的僵持，但却遗憾地发现他只有 1/6 的兵力适于行动。抱着聊胜于无的心情，他于 3 月 11~17 日和 5 月 5~19 日分别在普雷斯帕湖和瓦达河沿岸发动了两次进攻，可惜收效甚微。此后半年，协约国部队按兵不动。当年 12 月 10 日，新成立的法国政府解除了萨莱尔的职务，任命颇有才干的阿道夫·马利·吉约马出任法军驻希腊部队的总司令。

协约国"协防"希腊的行为其实多少有些自作多情。希腊本来是个政治中立的国家，但却在此战中由于高层的政见不同而出现了分化。当时的希腊国王康斯坦丁一世是德皇威廉二世的妹夫，因此很自然地倾向于同盟国阵营；而一度担任希腊首相的伊琉瑟里欧斯·维尼泽洛斯则是协约国的支持者。不过，在协约国接连数月的派兵"协防"和政治施压之下，分歧并没有持续多久。1917 年 6 月 12 日，康斯坦丁宣布退位，而新任希腊国王亚历山大则于 26 日再次任命维尼泽洛斯为首相。7 月 2 日，希腊正式对同盟国宣战。

东非地区的战争（1914~1918 年）

　　东非战场上的对抗之所以会成为整个第一次世界大战中时间跨度最大的一场战役，很大程度上是因为德军司令保罗·冯·列托－佛贝克的存在。佛贝克是一个意志非常坚强的人，直到 1918 年 11 月协约国和同盟国签订了停火协议后几天才率部投降。

　　1916 年初，德国在非洲的 4 块殖民地已经被协约国攻下了三个，在受协约国控制或是隶属于中立国的若干殖民地中间，孤立无援的德属东非也岌岌可危。但这块由卢旺达、布隆迪和坦桑尼亚组成的最后一块殖民地却出人意料地坚挺，直到 1918 年停火协议签署两周后才宣布投降。对德军而言，此役功劳最大的当属保罗·冯·列托－佛贝克将军，正是他带领着 3000 名欧洲正规军和 4600 名民兵及土著警察，在完全没有援军的情况下，用尽了一切可利用的资源，在重重包围之中创造了奇迹。

早期的战斗

　　1914 年，英国派出一支未经训练的印度新军向列托－佛贝克发动急攻。11 月 3~5 日，战斗在德属东非的重要港口坦噶爆发。当时列托－佛贝克的手下只有 1000 名士兵，面对 8 倍于己的敌人，他们以 148 人伤亡的代价杀敌 360 人，伤敌 487 人；而英军则在此战中抛弃了 16 门机关炮、上百把步枪和 6 万发弹药，输了个一塌糊涂。在 1915 年间，交战双方都没有再动总攻的念头，只是各自发动了一些跨界袭击。列托－佛贝克也由此得以休养生息，积聚起由 3000 名欧洲正规军和 1.13 万名民兵组成的战斗力量。在鲁菲吉三角洲，他从被英军于 7 月 11 日击毁的轻型巡洋舰"哥尼斯堡"号上抢回了 10 门 105 毫米口径的大炮。

1916 年 2 月，英军原南非地区负责人简·克里斯蒂安·斯木茨将军出任非洲总司令。同年 3~9 月，他调集军队再次向东非北部发动攻势。但英军不仅没能在此战中抓到列托－佛贝克，更因弹尽粮绝而被迫撤退。之后，协约国又进行了两次尝试：第一次是英法两国联盟于 9 月占领了西北部的塔波拉，但这次行动在此后不久即告暂停；另一次是从北罗德西亚（即赞比亚）出发向西北突进，这次攻势又于 10 月末在伊林加被德军拦截。一次又一次的军事行动像一把把匕首一样，将东非地区划得伤痕累累。不过，由于协约国军队中约有 1.2 万人因病撤退，列托－佛贝克在东北部的主力部队倒是趁机保存了实力。

尾声

列托－佛贝克知道自己缺兵少粮，所以从来不跟协约国的大部队正面冲突，一直都秉持着"打了就跑"的作战方针。1917 年，驻非英军把大部分精力都用在储备援军和料理残局上了。列托－佛贝克的游击战固然让英军损失了不少装备和工事，而由两名德国军官在没有得到批准的情况下发动的一场"威特根－瑙曼远征"则更让英军头痛不已——在这次战役中，德军只用了 700 名民兵就给协约国占领的东非北部造成了极大的伤亡。9 月，英军针对列托－佛贝克部队的又一次袭击在马西瓦被挫，而列托－佛贝克在逃到了葡属东非的莫桑比克后，率领他只剩 2200 人的小部队，历经千难万险，跋涉 2200 千米，终于回到了德属东非之内。

现在，所有驻非英军都瞄准了列托－佛贝克，不过这位将军并没有因此而退却，更于 11 月 12 日率部冲入北罗德西亚，在卡马萨打响了他们的最后一次战斗。次日，列托－佛贝克得知了停火协议已经签署的消息。在与英军进行了多日的交涉之后，德军的这支小部队最终被扣留在了阿伯康。孤军作战的列托－佛贝克仅凭手中几千人的部队，不仅牵制住了协约国 16 万大军和成千上万的土著士兵，更让英军付出了约 1 万人伤亡的惨重代价——这还只是正规军的折损数字，如果算上当地的搬运工和为英军作战的土著民兵的话就是 10 万人。

日德兰海战

这是第一次世界大战中规模最大的一次海战。虽然英军在此战中损失的战舰和士兵都要比德国多，但却毫无疑问是在这次对抗中笑到最后的，而德国大洋舰队却从此再也无法参与这种强度作战了。

事件重点：
时间：1916 年 5 月 31 日～6 月 1 日。
地点：北海东部及东北部。
结果：德国大洋舰队在击沉了若干艘英国大型战舰后被迫撤退。

在第一次世界大战里，德国大洋舰队和英国大舰队之间就打了这么一次大仗，而这一仗却并非来自任何人的安排，完全是一场意外——当时，英德双方都只是想把对方的舰队给吸引到另一场战斗中去。5 月 30 日下午早些时候，德军舰队主动驶离母港开始行动，但他们却不知道，对德军动静早有所知的英军舰队此时已经在海上候命了。

对战舰队

英军方面由海军上将约翰·杰里科带队，海军上将大卫·贝提率战列巡洋舰支援，总共出动了包括 28 艘无畏舰和 9 艘战列巡洋舰在内的 151 艘战舰。而带领德国大洋舰队出战的则是海军上将雷恩哈德·希尔，支援他的是海军上将弗兰兹·冯·希佩尔指挥的战列巡洋舰，整支队伍里共计有 16 艘无畏舰、6 艘前无畏舰和 5 艘战列巡洋舰——除了以上特别提及的各主要战舰外，双方剩余的其他战舰多为小型的巡洋舰和驱逐舰。

第一滴血

5 月 31 日 14 点 15 分，双方以小型巡洋舰和驱逐舰的冲突为契机，拉开了日德兰海战的大幕。在这些小型战舰缠斗不休的时候，几乎每一艘战舰的无线电警报都在响个不停。95 分钟后，造成警铃大作的大型战列巡洋舰取代小型战舰，开始主导战场剧情。贝提的舰队在此期间被打得很惨，连旗舰"雄狮"号都被德军"卢佐"号的炮弹给轰得体无完肤。但"雄狮"号的情况还不是最糟的，"不倦"号在被"冯德坦"号击中后不久，即在一次剧烈的爆炸中支离破碎。没过多久，被"德芙林格"号数次击中的"玛丽皇后"号也因爆炸沉没。

希佩尔和希尔的主舰队就像打上了瘾一样，追着撤退的贝提不肯罢休。但他们却并不知道，在这片海域上，除了贝提的小舰队之外，英军还有杰里科的大舰队随时候命，而贝提此时就是朝着杰里科在北面布下的埋伏圈里逃跑的。杰里科早就安排好了一切，只等德军一到即行开火。

主战场的这台大戏以双方战列巡洋舰之间的对抗为标志正式

开演。不久，英军的"无敌"号战舰就在一次大爆炸中沉没，而希佩尔的旗舰"卢佐"号也被重创。18点30分，双方等级相当的无畏舰纷纷进入对方的攻击范围。战至此时，希佩尔终于看清了战场上对德军而言极为危险的形势，开始用自己的战列巡洋舰吸引英军的火力，并最终让希尔在渐益浓重的夜色中得以抽身撤退。而杰里科则由于担心德军无畏舰的鱼雷而不敢近距离追击。

这天夜里，双方只是间或发生一些小擦碰，并没有再次爆发大规模的对抗。7月1日，德军班师回港，杰里科也于11点命令英军收队。德军以3039名士兵的性命和11艘残旧的破船为代价，换得英军6784人伤亡、14艘军舰沉没，这种损失的差距也许颇能让人得意一阵子。但德军知道，这样的损失实际上对于英国大舰队来说连皮外伤都算不上，没多久人家拍拍身上的尘土就又能踏上征途了。虽然相比敌人而言自己折损较少，但却是几乎搭进了整个海军部队，甚至还险些因此而输掉了整个战争。自此之后，德军舰队再也没能以同样的规模出动过，不少战舰直到战争结束都还停在海港里修整，更别说以之求取什么决定性的胜利了。因此，从战略上来说，英国才是日德兰海战中真正的胜利者。

无畏舰

皇帝陛下舰船之"无畏"号是第一艘现代化战舰。这艘划时代战舰的出现，除了让其他既有战船都顿时黯然失色之外，更引发了英德两国之间激烈的海军军备竞赛。

在第一次世界大战爆发时，几乎所有国家的海军指挥官们都抱持着同一种观点，即认为海上战争的胜负最终将由最大型战列舰之间的对抗来决定。1905 年，日本帝国海军在对马海战中击垮了俄国波罗的海舰队。此战不仅是海战史上重要的一页，更让深信"战列舰决定论"的英德两国开始期待将双方卓越的海军力量在北海上一较高下。

在以往的海战中，战果往往都取决于双方战列舰之间的差距。而在当时来说，战列舰就是最大型的战舰了，所以人们在第一次世界大战开始后也没觉得情况会有什么不同。在 20 世纪的第一个十年里，各国的战列舰看上去都大同小异。不过，皇帝陛下舰船之"无畏"号的出现改变了一切。当时，英国的第一海务大臣是海军上将约翰·费舍尔，他也是同辈的海军官员中最有远见的一个行动派人物。正是在他的大力促进之下，无与伦比的新型战舰"无畏"号在经过 14 个月紧锣密鼓的建造之后，于 1906 年 12 月闪亮登场了。这艘战舰的出现无疑是舰船设计行业的一次飞跃，而其他各式各样的战舰则在它出现的同时顿失颜色。

大炮和涡轮

"无畏"号是第一艘"全大炮战舰"，配备的 10 门炮全部是威力十足的 305 毫米口径大炮，而与其同一时期的英国最新型的前无畏舰只有 4 门这种炮。德军战舰的装备就更差，只有 4 门 280 毫米口径的炮。"无畏"号不仅可以发射更重的炮弹，而且攻击的准确性也比前无畏舰上那些小型炮要好。

战舰本身的重量加上大炮和配套弹药的重量，使得"无畏"号比它的前辈战舰们重了很多，但这却并没有拖累它的表现。和大多数的前无畏舰比起来，"无畏"号 22 节的速度还是要快 2 节；而首次使用蒸汽涡轮的动力设备则让其航行范围比普通战舰要广大约 30%。

战舰的制造

"无畏"号的出现很自然地在英德两国之间引发了一场海军装备的竞赛。1909~1914 年，英、德分别制造了 23 艘和 17 艘无畏舰，在第一次大战期间，双方的无畏舰总数又各自上涨了 11 艘和 2 艘。其他各国也不甘示弱：法国于 1912~1914 年有 7 艘无畏舰下水，意大利在 1912~1915 年有 6 艘投入使用，而美国也在 1909~1915 年里造出了 12 艘。由于后期无畏舰比起无畏号来说更加强大，所以又被称为"超级无畏舰"。

虽然大家都铆足了劲去造无畏舰，但在第一次世界大战中以无畏级战舰为主的海战却鲜有出现，确切来说，1916 年的日德兰海战是这场战争中唯一的一次无畏舰对抗战，也正因为如此，第一次世界大战时很少传出无畏舰沉没的消息。德国就从来没有因为敌方的袭击而折损过任何一艘无畏舰，不过英国倒是折过两艘：一艘是 1914 年 10 月被德军水雷炸沉的"大胆"号，一艘是 1917 年在斯卡帕湾因为内部发生爆炸而沉没的"先锋"号。

潜艇锋芒渐露

水面舰队一直都是德军借以破坏英国海上交通线的主力，但在潜艇出现之后，其主导地位却受到了强烈的动摇。由于来去无踪，深藏水底的潜艇不仅可以制造出比水面舰队更惊人的杀伤效果，更可以在搞完破坏以后轻松地全身而退，所以很快就成为德国海军的新宠。

1914~1915 年，德国用以在公海上袭击协约国商船的水面袭击舰已被消灭殆尽，但对英商船的袭击却还得继续，所以德国皇家海军只好让才面世不久的潜艇顶上了。1914 年，德国潜艇的军旅生涯还没有达到巅峰，就已经击沉了 396 艘属于协约国或中立国的舰船——而此时非同盟国损失的舰船总数也才 468 艘而已。如此辉煌的战绩让那些一度怀疑过潜艇能力的德国军官们也都放了心。于是，德国海军造船厂开始大批量地制造潜艇，到 1916 年时，德国的水下作战能力已经得到了极大的提升。

但就在德军潜艇部队整装待发的时候，德国领导层却开始为"潜艇是否应该对袭击范围以内的所有对象进行打击（无论双方是否交战）"一事争吵不休。支持"无限制潜艇战"的是以海军大将为首的军队领导人，他们希望通过这种不留余地的打击方式，在英国彻底实现对德海上封锁之前打垮敌军，而且这种政策在 1915 年时就曾经执行过 7 个月，现在再来一次也没什么关系；反对"无限制潜艇战"的则是以政府外交官为代表的政客们，他们担心这种策略会把目前中立的美国推到协约国的身边去。

新的计划

论战的双方最后选择了一种折中的办法：潜艇部队仍旧执行不知会对方、直接进行攻击的政策，但打击对象仅限于"在不列颠群岛周围作战区域出现的敌军货船"，而在作战区域之外的敌军货船只有在装备了武器的情况下才会受到同等对待。1916 年 2 月 11 日，德军对外发布了这条作战原则，并于当月 29 日开始执行。当时的德国皇家海军最高统帅是海军上将阿尔弗雷德·冯·提尔皮茨，他被这个争议多多的政策弄得不胜其烦，最终于 3 月 29 日辞了职。

但这个新政策很快就露出了破绽。3 月 24 日，德国第 29 号潜艇意图袭击正在横跨英吉利海峡的英国运兵船"苏塞克斯"号，却误将一艘蒸汽客轮当成目标给击沉了。在这次事故中共有 50 人丧生，其中有 3 人是美国公民。美国政府怒气冲冲地要求德国立刻终止目前的潜艇作战方式，否则就解除两国的外交关系。4 月 24 日，德国潜艇部队接到命令，要求他们暂停这种改良版的无限制袭击战，但对非货船的袭击却还在继续。6 月 5 日，德国潜艇部队再创佳绩：英国武装巡洋舰、皇帝陛下舰船之"汉普希尔"号在英国奥克尼郡附近海域触雷沉没，随舰前往俄国执行任务的英国陆军元帅霍雷肖·基齐纳阵亡。

越发辉煌的战绩

不管关于"无限制潜艇战"的辩论到底谁输谁赢，德国潜艇部队在 1916 年德军海上袭击的积分榜上都已经以极大的优势毫无悬念地领先了。包括 396 艘英国航船在内，协约国和中立国当年一共损失了 1157 艘舰船，其中有 964 艘是被德国潜艇直接击沉的，而德军埋下的水雷则炸掉了 161 艘，剩下的 32 艘才是德国水面舰队的成绩。德军的 108 艘潜艇折损了 22 艘，而到 1917 年初德军又把可用潜艇数补到了 149 艘。胜利之下，德国内部要求全面放开"无限制潜艇战"的呼声越来越高。8 月 31 日，全权负责德国军务的陆军元帅保罗·冯·兴登堡和其副官埃里克·鲁登道夫在拜见威廉二世时，强烈要求尽可能全面地铺开"无限制潜艇战"。

驱逐舰

很多证据都可以证明，轻便小巧的驱逐舰是第一次世界大战中各大舰队里最不可或缺的一种战舰，虽然它们在作战舰队中只是一些小小的马前卒，但也正是在它们的保护下，整支舰队和各种商船才能躲过潜艇和水面舰队的袭击。

在 1914 年开战以前，几支主要的海军部队都配备有驱逐舰。海军较为强大的国家手里自然多一些，例如英国有 300 艘，德国有 144 艘，连奥匈帝国那样的海军弱旅也有 25 艘，可见这种战舰的普及程度实在很广。但由于战争爆发后不久，这种战舰就频频出现短缺，各国海军为了满足战场的需要，纷纷开始进行大型的驱逐舰赶制工程，加班加点地往战场上送货。德国费了九牛二虎之力才造出的 107 艘，对比英国的 329 艘还是短了一大截。由于身份复杂的驱逐舰主要还是给大型战舰当"保镖"，抵御鱼雷艇的攻击，所以早期又被称为"鱼雷艇驱逐舰"。虽然鱼雷艇在 1914~1918 年一直都是驱逐舰的防御对象，但随着潜艇的出现，反潜任务在驱逐舰的日程表里慢慢占据了更多的位置。

驱逐舰的设计

战初的驱逐舰速度都在 25~30 节，主要有两种类型。英军和德军常用的一种速度较慢，但耐力强、航程远，大多用来协助主力舰队在深海海域进行远洋作战，英国的"牛虻"号就是其中之一，该舰的巡洋范围有 4075 千米。而以奥匈帝国和意大利为代表的很多国家，由于面对的是水面相对较窄、风浪也较小的地中海，大多都选用了一种航程和体型都相对较小的型号，例如 1907 年驶入战场的意大利"阿斯托尔"号巡洋范围只有 3335 千米。

驱逐舰不仅小巧灵活，而且造价便宜，所以不单可以由一流海军大批量地生产，连二流海军都可以很容易地购置或建造。虽然战场上的驱逐舰无论种类还是等级都很丰富，但基本排水量都在 500~1200 吨，船员数为 80~150 人，而且大多都配备了大炮和鱼雷发射管。

在行动中扮演的角色

驱逐舰大多都成队出动，但队伍规模可大可小，较常见的是4~10艘一队，不过也有20艘一队的。在配合主力舰队行动的时候，驱逐舰既要担任小前锋，以防止敌方的水上战舰或潜艇对己方大型战舰造成伤害，又要抓住时机发射鱼雷、袭击敌军。不过由于是辅助性的战斗小队，所以此时的驱逐舰队没有自主权，必须听候轻型巡洋舰之类大型战舰的调遣。但是，驱逐舰队的护航作用实在太重要，没有任何一支舰队敢于撇开它们自行出击。日德兰海战中，德军共布置了61艘驱逐舰，而英军也出动了73艘。

当然，驱逐舰队并不是只能依赖主力舰队的"寄生虫"。无论对任何国家而言，当己方港口和海上商路遭到敌军驱逐舰袭击时，己方的驱逐舰队就是一道极为有效的海岸防御屏障。除此之外，对协约国来说，驱逐舰队还是反潜战的中流砥柱。不过，因为反潜战对于驱逐舰的航程和耐力的要求都比较高，所以后期协约国的驱逐舰体型都有所增大，有的甚至达到最初版本的两倍以上。1917~1918年英国出产了W级驱逐舰，其排水量为1529吨，一次可以航行6430千米。

各国驱逐舰的总数实在太过庞大，人们无法一一记录每一艘驱逐舰的日常活动，所以可能它们还有很多功勋未获嘉奖。但是，也正是因为它们分布过广，所以损失也比其他战舰要大得多。协约国折损的112艘驱逐舰里，有超过50%是在英国皇家海军疲于反潜后损失的；而同盟国也损失了62艘，其中德国占53艘。

地中海海战（1914~1916 年）

控制地中海对于协约国来说是至关重要的。苏伊士运河不仅是英国往返印度之最短航线的一部分，而且多亏有了它，才使得后来的对俄军事支援有了可行的渠道。

在第一次世界大战中，很多国家都把地中海视为一块兵家必争的战略要地。英国的商船约有 75% 要经过苏伊士运河与直布罗陀海峡；法国和意大利都需要经海路前往他们在北非的殖民地；亚得里亚海是连接奥匈帝国与世界海运的唯一通道；奥斯曼土耳其则控制了通往黑海的达达尼尔海峡。维持或切断这些海上航线就成了这些国家在海上你来我往的竞争策略。

"戈本"号的逃逸

第一次重大事件发生于 1914 年 8 月 4 日。两艘德国战舰——"戈本"号和"布雷斯劳"号——在副司令威廉·祖雄的指挥下炮轰了法属阿尔及利亚的波尼（即安纳巴）和菲利普维尔（即斯基克达），并继续向奥斯曼土耳其进发。由于当时英德两国尚未正式开战，所以在祖雄的队伍经过两艘英国战列巡洋舰时，双方并没有交火。等到午夜时分宣战的时间一到，英国就派出了一队战舰去追击它。之前双方交会的地点是希腊西南部海域，而祖雄终究还是得以逃脱，并于 10 日逃到了奥斯曼土耳其。为了拉拢奥斯曼土耳其，这两艘德国军舰被转让给了奥斯曼土耳其海军，而土耳其则最终于 10 月 29 日以德国盟友的身份加入了这次战争。1918 年初，"布雷斯劳"号被水雷炸沉，"戈本"号虽然侥幸逃脱，却也受损严重。

除了 1915 年初英法联合海军对达达尼尔海峡采取的攻势之外，第一次世界大战里就很少出现大规模的舰队行动了。英国海军固守北海，法意海军则一直防着奥国海军的突围——不过，奥国到战争结束也没有发动过这种行动。所以，地中海上爆发的所谓海军对抗，多半是小型舰队之间的小打小闹罢了。

潜艇袭击

1916 年 5~9 月，英国成功地在达达尼尔海峡和马尔马拉海之间发动了潜艇战，并击沉了半数以上的土军商船及若干艘主要战舰。英国第 11 号潜艇成绩特别突出，在三次行动中共计击毁蒸汽机船 27 艘、小型航船 58 艘、巡洋舰 3 艘和"海尔登·巴伯罗斯"号战舰。

从科托尔（即卡塔罗）出发的潜艇部队是同盟国在亚得里亚海和君士坦丁堡地区最有威慑力的一支部队，他们在该地区布设的水雷阵会不时地给协约国一些"意外惊喜"：1916 年 12 月 11 日，意大利战舰"里吉娜·玛格丽塔"号就是在阿尔巴尼亚附近海域被鱼雷炸沉的。而潜艇部队在破坏协约国主要海上航线方面的工作也进行得特别顺利，仅 1917 年一年就击沉了 900 艘协约国商船，并将优良战绩一直保持到了战争末期。1916 年初，在各国海军划定了专属的巡航区域之后，战况稍有改变，而始终保持流行的护航系统则在 1918 年的春天为最后的海上战局定了胜负。

亚得里亚海并不是一片很宽阔的海域，但在第一次世界大战期间，这里却频频发生争斗。为了封锁这片海域，协约国曾在意大利和阿尔巴尼亚之间的奥特朗托海峡布置了一片水雷区，虽然并不是特别有效，但却也限制住了土国海军的夜间行动，并在 1917 年 5 月 14~15 日炸沉了土军的 14 艘捕捞船。而意大利体型最小的一种战船则更为了不起。1917 年 12 月 9 日，两艘意大利鱼雷艇驶入的里亚斯特附近的穆西亚湾，其中一艘击沉了"维也纳"号战舰；1918 年 6 月 10 日，又有两艘鱼雷艇袭击了无畏舰"圣坦德·伊斯特凡"号，该舰最后被一艘小艇发射的鱼雷彻底击沉。

鱼雷艇

　　鱼雷艇是一种体型小巧、行动迅捷的海上作战工具，主要使用鱼雷作为战斗武器。由于这种战船可以一次性发射多枚鱼雷，攻击力十分了得，所以常被用来攻击由老式战船和现代无畏舰组成的敌军舰队。

　　鱼雷是 19 世纪末发展起来的一种水战武器，最早装备鱼雷的轻型快艇后来就被称为"鱼雷艇"。鱼雷艇的出现无疑给只有能力装备小型战舰的海军弱旅带来了一线曙光，因为这种战艇体型虽然比任何一种战舰都要小，却有能力击沉吨位最重的大型战船，性价比非常高；而且由于造价相对便宜，即便是国防军费再有限的军事小国也买得起、造得起。

　　第一次世界大战爆发时，大多数参战国的海军都有鱼雷艇舰队。这些舰队按照航程的远近可以分为两种：一类是专门用来在沿海地区执行任务的，航程较短；另一类则是用来执行远洋任务的远程舰队。不过，远程舰队不久就被更大、更快又同样装备了鱼雷发射系统的驱逐舰取代了。

　　负责沿海任务的鱼雷艇除了基本的鱼雷发射装置外，还配有机关枪。但面对危险时，杀伤力了得的武器却不如快速的逃跑来得有效。由于这种鱼雷艇航程很短，所以一旦需要执行远洋任务，就得用拖船拖到战场附近，或是把它们屯在大型支援舰——也就是鱼雷储藏船——的甲板上，等到达目的地时再放入水中。

战斗中的 MAS 艇

开战时，意大利拥有世界上最优秀的海岸鱼雷艇队。索西耶特·威尼斯汽车制造厂是当时顶尖的军工企业，该厂生产的 16 吨级 MAS 艇于 1915~1918 年成功地在亚得里亚海上打了许多次游击战，被民族主义作家加布里埃·邓南遮冠以"以一敌百"的称号。

多在夜间行动的 MAS 艇于 1918 年 6 月 10 日迎来了它们的巅峰时刻。当日凌晨 3 点，两艘 MAS 艇在亚得里亚海北部的普利姆达岛附近海域袭击了奥匈帝国的驱逐舰"圣提斯塔万号"（SzentIstvan），路易吉·里佐司令指挥其中的 MAS15 号艇打出的一发致命鱼雷致使奥舰在三个小时后沉入大海。此役在精神上严重地打击了奥国海军，使其自此以后再也不敢派出自己的主力舰队参加海战。这也是里佐个人的第二次大胜，在此之前，头一年的 12 月 9 日，他还曾指挥 MAS9 号在的里亚斯特附近的穆吉亚湾击沉了奥国老式战舰"韦恩号"（Wien）。

波罗的海行动

海岸摩托艇是在大战结束后几个月、驻俄英军卷入了俄国内战时才登场的。当时，这支英国海军部队在刚独立的芬兰境内选择了一个港口作为基地，以布尔什维克为目标发起了两次卓有成效的袭击。1919 年 6 月 17 日，海军上尉奥古斯丁·阿加指挥的三座 CMB4 艇在克朗施塔特港击沉了"奥列格"号巡洋舰。同年 8 月 19 日，这支部队的克劳德·多布森司令指挥着 7 艘 CMB 艇向重重防御的克朗施塔特港发动了最猛烈的攻击，以三艘摩托艇为代价，击沉了武装巡洋舰"帕米亚特阿左瓦"号和驱逐舰"佩特罗帕瓦洛夫斯科"号，并重创了战列舰"安德雷佩沃兹万尼"号。

协约国的潜艇

虽然潜艇战的头筹已被德国拔去，但协约国海军却并不认输，迅速地在海战中也投放了许多潜艇。尽管这些"补充军"的风头比不上德国潜艇在不久前表现出来的英武，却也为协约国最后的胜利立下了汗马功劳。

协约国联盟里的各个国家在第一次世界大战里都使用过潜艇，但大多都不是战争期间的产品，而且基本上都存在各种各样的问题。拥有 123 艘潜艇的法国潜艇部队规模最大，但其中只有 25 艘是在战时制造的，而且所有潜艇的款式都很旧，在实战中非常靠不住。意大利海军的潜艇部队的规模却只有 25 艘，加上其后勤补给严重不足，最后共损失了 8 艘潜艇。而在波罗的海和黑海执行任务的俄国 41 艘潜艇在战中共折损 20 艘——这些潜艇虽有 40 艘是"第一次世界大战制造"，但无论从装备还是设计来说，都非常过时。

1914 年 8 月，英军的潜艇部队还登不上台面，总共只有 17 艘 D 级和 E 级潜艇和 40 艘只能用于沿海作战的 B 级和 C 级潜艇。但到各国签署第一次世界大战停火协议时，这支部队却以 137 艘在役、78 艘在造和 54 艘已沉的潜艇数字成了世界潜艇的"王者之师"。

英军方面的行动

在英军制造的各类潜艇中，曾在波罗的海和达达尼尔海峡执

行任务的 E 级潜艇数量最多。这种潜艇在 1913~1917 年共建造了
58 艘，其中 22 艘在战争中沉没。1914 年 10 月，两艘 E 级潜艇开
始以波罗的海为目标进行首航，以援助由于缺少德制引擎而无法
装配现代化潜艇的俄国海军。1915 年，另外 4 艘 E 级潜艇和 4 艘
C 级潜艇也来到波罗的海协助它们的行动——其中，C 级潜艇被
拆分成零部件进行运输，由铁路转驳船，运到芬兰湾后才重新组
装为完整的潜艇。

这批英式潜艇确实击沉了不少敌军战舰，但其最大的贡献却
是在波的尼亚湾捕获了运送瑞典铁矿石的德国货船。此役以 1918
年 3 月签署的《布列斯特－立托维斯克协议》为标志宣告结束。
德国在协议中要求布尔什维克弃用英式潜艇，但这批舰艇上的船
员却"宁为玉碎不为瓦全"。4 月 8 日，7 艘英式潜艇从赫尔辛基
港驶出，抵达深海海域后，船上海员将潜艇全数凿沉。

在地中海战场上

1915 年的达达尼尔海战里到处都能看到 E 级潜艇的身影：袭
击马尔马拉海上土军常规商船的有它们，炮击土军沿海设施的有
它们，攻入君士坦丁堡的也有它们。由海军上尉马丁·纳斯密斯
担任司令的 E-11 号艇则是其中的佼佼者，曾在 3 次巡航中击沉
27 艘蒸汽船和 58 艘其他种类的舰船。虽然有 4 艘 E 级潜艇在穿
越达达尼尔海峡时被击沉，另外又有 9 艘在抵达马尔马拉海后在
行动中失事，但总体来说，英军舰艇还是赚了：在此役中它们共
击沉 2 艘战列舰、1 艘驱逐舰、5 艘炮艇、7 艘补给船、9 艘运兵船、
35 艘蒸汽轮和 188 艘其他各式舰船。

虽然 E 级潜艇大获成功，但并不表示英国海军在潜艇研发方
面就没有犯过傻，他们研制的 K 级潜艇可谓第一次世界大战中最
失败的一款潜艇。这种不能独立行动、必须配合英国大舰队才能

发挥作用的潜艇在上浮和下潜的过程中都很笨拙，每个动作的完成都要花费大量的时间。而一旦它们潜入水下，就连本方的舰船都找不到它们了，由此而产生的事故和意外简直不胜枚举。1918年1月31日晚，在苏格兰海域进行的一次军事演习中，K-4号潜艇就被"五月岛之战"中曾经登场过的英国巡洋舰派出的K-6和K-17号潜艇撞沉了。

1917 年——欧洲决胜之年

1917 年，厌战情绪在各个参战国内急剧蔓延，人们不再相信这是一场光荣的战争，更不相信还有什么速战速决的可能，越来越多的人觉得自己正面对着一架可怕的"绞肉机"。英军率先开始动作，在西线发动了"尼维尔攻势"和"帕斯尚尔之战"两次大规模的行动。其中，帕斯尚尔之战给协约国造成了 138 万人伤亡和被俘的损失，而德国也在此战中折损了 88.4 万人。但法国前线的情况则大不相同，部队的士气不仅没有崩溃，士兵们更是做好了精神上的绝对准备，等着迎接决战的到来。

年终时，参战双方势均力敌，任何一方只要抓住机会就都能夺得最后的胜利。虽然俄国内战使得德国得以从两头开战的窘境中解脱出来，但由于协约国开始实行护航制度，德国的潜艇部队也已经无法再像最初那样大展雄风了。英法两国将希望寄托于 4 月对德宣战的美国身上，但它们的新盟友却暂时还无法在欧洲战场上采取什么有价值的军事行动，这种尴尬的局面直到 1918 年才会有所缓解。

阿拉斯之战

英国远征军在 1917 年发动的首次进攻开局颇顺，其加拿大作战分队更是一举拿下了所谓"坚不可摧"的维米山脊，但他们的征程却被兴登堡防线的严密防守给截断了。

事件重点：

时间： 1917 年 4 月 9 日～5 月 15 日。

地点： 阿拉斯东部的阿托斯。

结果： 英军开局颇顺，但却并未取得决定性的胜利。

    1915～1916 年一系列得不偿失的攻势让其始作俑者——法国陆军元帅约瑟夫·霞飞——备受非议。1916 年 12 月，罗伯特·尼维尔取代霞飞成为新一任的法军总司令。1917 年初，踌躇满志的尼维尔迫不及待地布置了一次用以突破德军防线的英法联合行动。他原想出其不意地攻下德军阵地，然后占领当时对方控制着的大片地区。没想到，德军竟于 2 月底至 4 月初之间后撤 32 千米，躲入了阿拉斯和苏瓦松之间重兵把守的兴登堡防线，而且他们在撤退时还顺便铲平了村庄，炸断了桥梁，破坏了道路，除了一块望不到边的废墟荒地之外，什么也没给尼维尔留下。尼维尔作为总司令的处女秀就这么狼狈地收场了。

    但尼维尔偏不信邪，还是坚持要把自己的作战计划付诸实施。为了说服大部分的政治领袖——而不是所有将军——相信他已经找到了克敌制胜的新办法，尼维尔还是颇费了一番唇舌的。4 月 9 日，陆军元帅道格拉斯·海格的英国远征军在阿托斯打了一个漂亮的开局仗；接着，亨利·霍纳将军率领的英国第一集团军和艾德穆德·艾伦比率领的第三集团军一起跟上，携手开拓战局。他们在阿拉斯东部斯卡普尔河岸边遭遇了路德维格·冯·佛肯豪森将军率领的德国第六集团军。不过海格其实并不相信尼维尔的水平，更不满自己的远征军受他的差遣，只不过是在英国新任首相大卫·劳埃德·乔治的压力之下才勉强按他的指令办事而已。

血色四月

为了支援此次攻势，英国陆军航空队也出动了，但这支无论是飞机数量还是飞行质量都高人一等的部队却同样在"血色四月"里损失惨重，若干架飞机、若干名飞行员的高昂代价也只为他们换回了暂时性的领先而已。此战的预备炮击持续了 5 天，共有约2500 门大炮参与其中，但除了提醒德国战斗已经打响之外别无他效。正式开战的第一天，斯卡普尔河北部的战场上一切顺利，艾伦比的部队顺利地向前推进了 3 千米后抵达指定位置，加拿大作战分队在霍纳的指挥下以迅雷不及掩耳之势攻占了险要的维米山脊。但南部战场的战况就没这么乐观了，这里不仅有一整段兴登堡防线，连默奇普雷克斯村也已经变成了一座加固型的堡垒。联军部队在此苦战多日，最终于 11 日拿下了这块阵地。

在南部对付这段兴登堡防线的是休伯特·高夫指挥的第五集团军。在攻陷阵地后，海格立马把空闲下来的部队调走，以延长进攻的火线长度。但这次他错了，而且这个错误的决定立竿见影地使整个队伍的攻势都陷入了困境。高夫的澳大利亚作战分队在布里克特附近遭受了他们进入西线战场以来最为惨重的损失。15日，海格命令各部队停手，等候尼维尔新的总攻指令。次日，各部队再次出击。此时法军部队的进攻已经完全变成了一场灾难：23 日，海格被迫整顿阿拉斯战场上的有生力量以援助盟军；接下来的两天里，联军小有斩获，但这股劲头终究不能持久；5 月底，疲惫不堪的英军部队终于也被击溃了。

持续攻击

虽然海格的一系列决策被一些政客从头到脚地批评了一通，但从军事角度来看，阿拉斯之战却是非常成功的，而占领维米山脊则更是意义重大。以英军当时投入战场的兵力来说，损失的 15 万人所占的比例不算大，甚至都没有达到第一次世界大战中平均折损率的水平。此外，德军也损失了 10 万人。在法国集团军表现得如同一团乱麻的时候，所谓的英法联军只靠独挑大梁的英国远征军就一直撑到了 1918 年，受够了法国人瞎指挥的海格也将在佛兰德斯的战场上，根据自己的决策展开进攻。

轻型轰炸机

为了能够执行远程任务，在更广的范围之内轰炸更多的敌军目标，轻型轰炸机应运而生。不久，这种飞机就开始直接为越来越多的袭击任务提供支援，前去摧毁那些阻碍友军行动的敌军阵地。

由于引擎动力不足，早期的飞机曾出现过载不动飞行员，每次起飞都要费尽九牛二虎之力的情况。随着引擎制造技术的提高，飞机的载重量也逐步攀升，而轻型轰炸机刚一出世，就已经可以载着适量的炸弹去袭击火线附近的敌方目标了。由于引擎动力充足，还有一些轻型轰炸机会被派去执行远程轰炸任务，只是这种情形较为少见。一般来说，这种飞机都是使用单引擎动力系统的双座双翼机。但 1916 年开始出现在战场上的德国 AEGG 系列则较为特殊，除了机舱较宽（三座或四座）之外，还采用了动力更为强劲的三引擎系统。

虽然轻型轰炸机在轰炸敌方目标方面很有优势，但却算不上是一种功能全面的军用飞机。它们不仅不能承担侦察任务，而且由于飞行速度较慢、武装程度较低，执行任务时还需要战斗机来护航。而战斗机虽然能装载的炸弹相较轰炸机要少很多，可是只要能在空战中抵御敌方的进攻，并起到一定的侦查效果，毫无疑问，它们就要比轻型轰炸机有价值得多。所以，虽然英法等国曾经制造过专职轰炸的轻型飞机，但大多数情况下，各个国家都还是偏好使用那种可以同时扮演多个角色的多功能飞机。

BE-2型飞机由英国皇家空军制造厂于1912年生产，是一款仅有一把步枪或手枪作为飞行员防身武器的轻型轰炸机，而且这架两座飞机上的飞行员也只能采用手抛的形式投掷炸弹，攻击力十分有限。1915年末，英军用能够承载155千克炸弹，配备了机关枪的RE-7型飞机取代了BE-2型，虽然防具水平有所上升，但是这款新型飞机依然存在动力不足、武装不够的问题。由英国飞机制造公司出产的单引擎DH-4型轰炸机是另一款较为普遍的轻型轰炸机，连美国部队都配备了不少；而风头稍弱的双引擎DH-9型飞机也是该公司的产品。

法式设计

法国的轻型轰炸机发展道路与英国颇为相似。当时，沃鑫公司可以算是法国最大的飞机制造企业，他们于1914年末制造的两座式沃鑫3型飞机是首架配备机关枪的飞机，而且这种载弹量仅有100千克的轻型轰炸机产量竟高达800架。不过，后来出现的型号性能就要好很多了。沃鑫8型飞机于1916年末面市，其载弹量与沃鑫3型相比提高了约80%，但其飞行速度和灵活性也因此而有所降低，最终被定性为一款夜间轰炸机。1918年初出现的沃鑫10型采用了更出色的动力系统，载弹量可达沃鑫3型的三倍。用来扮演轻型轰炸机角色的还有其他多功能飞机，如1915~1918年在战场上非常活跃的贝利坚B2型和B4型飞机，以及1918年初在西线战场上出现过的萨尔玛森2型飞机。

德国的反应

相比而言，德军更喜欢用战斗机来执行轻型轰炸任务，或是干脆就把精力用到发展对地攻击机和多功能飞机上面，因此该国的轻型轰炸机产量并不高，只在 1915~1917 年使用 LVGC- Ⅱ型两座飞机来顶替过它的角色而已。1917 年中期，LVG 系列的 C-V型飞机登陆战场，这是一款既能进行侦察，又能负责轻型轰炸，还能直接实施对地攻击的全方位飞机，直到各国签署停火协议都还一直活跃在战场上。

尼维尔攻势

罗伯特·尼维尔坚信自己的计划可以为协约国打开局面，而他最终也成功说服了各个盟国的政府为他的这次大规模攻势提供帮助。不过，结果却和他预言的大相径庭，协约国的攻势在开局不久即陷入停滞。更糟糕的是，骇人听闻的死亡数字让兵变开始以燎原之势在协约国部队里蔓延开来。

事件重点：
时间： 1917 年 4 月 16 日～5 月 9 日。
地点： 埃纳河沿岸。
结果： 法军的重创并没有为他们换回足以与之匹配的收获，而其部队内部却因此开始人心涣散。

法军于 1917 年 4 月在西线战场上发动的总攻又被称为"第二次埃纳河会战"，而其在同一时期于次级战场上发动的进攻则被称为"第三次香巴尼会战"——这两大进攻有一个共同的名字：尼维尔攻势。"尼维尔"是这次攻势的始作俑者——法国总司令罗伯特·尼维尔的姓。在这位巧舌如簧的新晋总指挥看来，地处苏瓦松和克拉奥讷之间，横跨若干个森林覆盖的山峰的圣母堞道是一条制胜的捷径，只要沿着这条路发起进攻，很快就能突破敌军，"在 48 小时内"获得协约国从 1914 年开始就一直渴盼的全面胜利。从 1916 年 12 月开始，尼维尔就为了发动这次攻势而不断地鼓动他的盟友，在他的三寸不烂之舌面前，也确实有不少协约国的政治领袖都动了心。不过，法国和英国的将军们却似乎都不怎么买他的账。

虽然尼维尔的计划并没有什么实质性的创新，但却选择了一个比以往的行动都要大得多的尺度来发动整体攻势。法军的火线位于苏瓦松和兰斯之间，总长约为 64 千米，被尼维尔安排到这条火线上的是法军预备役——一支由 4 个集团军组成的部队，共有 120 万名士兵和 7000 门大炮。与他们对阵的德国部队除了马克思·冯·伯恩率领的第七集团军，还有弗里茨·冯·布罗率领的第一集团军。虽然法军在人数上占了很大优势，但德军却也踌躇满志：此地的德军防线不仅火力充足，而且交织在尼维尔的进攻路线之中，更重要的是，德军已经截获了法军的行动计划，一切都在他们的掌握之中。

开局

4 月 16 日，好事多磨的法军攻势在结束了持续 10 天的预备炮击之后正式开场。奥利弗·玛泽率领第五集团军与查尔斯·曼金的第六集团军一起沿着圣母堞道挺进，结果却只是以极高的代价换回了极少的阵地而已。伯恩的部队不仅第一天就给法军造成了 4 万人的伤亡，而且还让 150 辆崭新的法军坦克报了销。次日，在兰斯东面的次级战场上，弗朗克伊斯·安托万指挥第四集团军对布罗的军队发动了进攻，却仍然惨淡收场。

　　面对如此明显的败势,尼维尔竟然还是一意孤行地坚持进攻。4 月 20 日,无数的将士已在战场上白白牺牲,而他给协约国盟友们承诺的所谓"突破"却连个影子都还没有。进攻越来越没意义,战斗的规模也越来越小,但尼维尔仍然不肯回头。5 月 9 日,法军攻势正式结束,但幸存的将士们回头一看,却悲哀地发现自己只不过是在圣母喋道上推进了短短的一点距离,攻陷的阵地简直少得可怜。而为了这微不足道的战利品,他们却付出了 18.7 万名战友的代价。15 日,尼维尔被赶下台,法国总司令一职由菲利普·裴坦取而代之。与此同时,费迪南德·福煦开始担任法军总参谋长——整个协约国阵营的战略前景自此有了决定性的改变。

兵变

　　尼维尔的战略失误让饱受折磨的法国军队彻底崩溃了。士兵们平时就对缺食少穿的生活条件以及不准离队的规定颇有不满,而这次惨痛的失败更是点燃了他们心中隐忍已久的怒火,于是,这支士气一泻千里的部队里很快就开始爆发兵变。这场动乱从 4 月的最后一个礼拜一直持续到了 6 月中旬,许多作战单位受到牵连。最后,一小部分叛变者被处以死刑,而绝大部分参与兵变的士兵则接受了重返军营的建议——法军整体的战斗力则直到当年秋天才得以恢复。不过,由于法国对兵变事件的消息封锁得非常严密,德国人直到兵变结束才知道有这么一回事,所以他们也没能利用法军的这次动乱占到什么便宜。

德国和法国的坦克

　　除了英国之外,德法两国也在第一次世界大战中制造了很多的装甲战车。其中，法国人往战场上投放了三款坦克，而德国自己只造了一种，更多地是把战斗中俘获的英国坦克挪为己用。

除了英国之外，最热衷于武装作战的就是法国人了。不过，推动这两个国家军备项目发展的力量并不一样，其坦克的发展道路也大不相同。在堑壕战形成之前，法军已经配备了装甲车，法国战争部里的一小部分有识之士深信这种不受路面状况限制的交通工具可以帮助他们打破战场上的僵局。炮兵团长简－巴普提斯特·艾斯提恩讷是推动法军装甲化的关键人物，正是他于 1915 年 12 月向负责军备筹集的法国将军推荐了一种有履带的武装战车。1916 年 1 月 31 日，法军宣布订购 400 辆装甲车，很明显，法军高层此时已经被艾斯提恩讷的建议打动了。

首批法式坦克

施奈德公司是首个获准为法军制造战车的企业。在接到订单后不久，他们就以美国霍尔特拖拉机为基础，给其底座以上的结构加装了武器和箱式装甲，造出了一种重 13 吨、最高时速不到 6.5 千米的装甲车。但是由于物资短缺，特别是装甲板严重不足，所以这类战车一直没能进行批量生产。1916 年 9 月 8 日，第一辆施奈德装甲车被运抵法军阵地；11 月末，原本该交出 400 辆装甲车的施奈德公司此时却仅仅给法国机动作战部队送来了 7 辆。眼看着第一笔订单无法按时收货，法军只好将这笔大生意转交给了圣查蒙德设计公司，要求他们在 4 月之前造出 400 辆以施奈德战车为原型、却要比其重将近 70% 的坦克。

不过，这两种战车在战场上的表现都不怎么样。它们高大的外形虽然很有震撼力，但却也太过显眼，加上配备的引擎动力又不足，所以很难躲过炮兵的攻击；而且，这两种坦克跨越堑壕的能力都很糟糕，其中又以圣查蒙德公司的产品更为差劲——由于吨位过重，这种坦克不仅很容易陷入松软的地表，而且其底盘以上部分的体积大得超过了底盘本身，并向车身前方突出，所以在跨越堑壕时还很容易被卡住。

1917 年 4 月的尼维尔攻势是这两种战车的处女秀，只可惜，它们都给演砸了。虽然后来法军仍保留了不少此类型号的坦克，但从 1917 年末开始，新出的雷诺 FT-17 型坦克渐渐取代了它们的位置。雷诺坦克的优点不仅在于其超凡的越野性，更在于全新的旋转式炮台赋予了它们全方位开火的能力。也正因为这样，尽管相对薄弱的装甲使其在防御方面略显不足，但法军和美国远征军在战争后期都依然偏爱这种相对小巧轻便的坦克。

德国的怀疑主义

鉴于看多了敌方坦克在崎岖地形和炮兵火力之下的拙劣表现，德国最高司令部对这种机械故障频发的新式作战武器并不是很感兴趣，加上原材料极端缺乏的现实问题，所以到 1917 年末为止，德军出动过的唯一一款自制坦克实际产量也非常有限。

从某种角度来说，A7V 型装甲战车是第一次世界大战中最大的一种坦克，巨大的箱型操作室可容纳 16 名士兵，全车最大的主要火力是一门只能朝前开火的 57 毫米口径加农炮，此外还有 6 挺重机枪可以作为火力补充。不过，笨重的 A7V 不仅行驶速度非常慢，而且常常出现机械故障，由于头重脚轻，还很容易在坡底上翻倒。诸多缺陷使得这种战车的产量非常低，德军持有 A7V 的数量之少，甚至还比不过他们从英军手里夺过来后粉刷一新再继续使用的坦克，而这种二手坦克正是德军晚期对战阶段中的常用武器。

莫西尼斯之战

在莫西尼斯山脊上埋设地雷并进行后续袭击的这一系列行动，大概可以算是第一次世界大战中计划最周密、指挥最严格的一场战斗了，协约国在此战中仅花费了短短几个小时就攻下了德军自以为坚不可摧的一道防线。

事件重点：
时间：1917 年 6 月 7~14 日。
地点：比利时西南部的莫西尼斯山脊。
结果：英军以绝对的胜利拔掉了德军驻扎在比利时境内的一个战略突出阵线。

1917 年中期，由于尼维尔攻势的溃败及由之引发的兵变，让法军在西线战场彻底丧失了战斗力，陆军元帅海格的英国远征军开始成为协约国在此地的主力部队。为了真正打开德军的防线，海格决定放长线钓大鱼，并将最终总攻的地点再次放在了佛兰德斯的伊普雷斯。首先，他安排了赫伯特·普鲁莫将军，让他率领包括一小支澳新军团在内的英国第二集团军袭击莫西尼斯山脊——这块高地环绕着伊普雷斯南端的莫西尼斯镇，是德军阵地的一个突出阵线。只要能够端掉德军的这个据点，就能为协约国的大规模总攻占据极为有利的地形。

战斗准备

普鲁莫是一个由于思虑周全、谨慎可靠而颇负盛名的指挥官，从 1915 年开始驻守佛兰德斯，对当地一切了若指掌，是一个无论从哪个方面来看都再合适不过的司令人选。在接到海格的命令以前，他已经做好了进攻莫西尼斯山脊的准备。从 1916 年中期开始，普鲁莫即安排士兵在德军堑壕战线之前埋设地雷。1917 年 1 月，他又指挥英军完善进攻准备，不仅在德军的眼皮底下悄无声息地挖出了一条长达 8000 米的地道，而且还在 22 根支撑隧道的受力杆上绑满了上百吨的高爆弹，而在开战以前德军只发现并解除了其中一根。

由于英军在佛兰德斯地区拥有制空优势，德国空军部队不可能参与此次对抗，所以，为了在开战时尽可能地减少本方部队的损失，普鲁莫打算充分利用炮兵、坦克车和毒气进行战斗。

共有 2300 门重炮和 300 门迫击炮参与了 5 月 21 日开始的预备炮击，7 天之后，炮击强度骤然提升。又过了约一周，剩余的 19 枚地雷在 6 月 7 日凌晨 3 点 10 分被英军引爆。爆炸产生的弹体碎片化为上百道射线刺入天空，强大的冲击波更在一瞬间就夺去了约 1 万名德军士兵的生命。第二集团军的 9 个师以炮兵部队发射的弹幕为掩护，在一条绵延 14.5 千米的火线上对德军阵地发动了全面冲击，由于弹幕和英军先头部队的最前沿之间只有一点点距离，在战壕里躲避炮火的德军还来不及回神就已经被英军冲溃了。幸存的守军也被这种紧凑的打击弄得晕头转向，根本就无力采取有效的防御。英军趁势突进，在 3 个小时之内一举夺下了目标阵地。

战斗结果

虽然接下来的几天里德军奋力反扑，试图把英军从山脊上挤下去，但却越战越疲，根本扳不回节节败退的局面。14 日，英军彻底铲除了这里的德军突出阵线，将莫西尼斯山脊这块战略高地纳入囊中。

在第一次世界大战里，无论胜败如何，很多攻防战都是以攻方付出较大代价来结束的。但在普鲁莫的正确领导之下，莫西尼斯之战却是一个绝对的例外。英军在此战中仅伤亡 1.7 万人，而德军加上 7500 名俘虏在内共折损了 2.5 万人。英国远征军在此战中的压倒性胜利为海格的一盘大棋落好了开局的一子，而更精彩的大戏即将开场。

地雷战

在敌军火线之前埋藏大批高爆弹是堑壕战中一种常见的作战手法。利用这种战术，不仅可以瞬间摧毁敌人的防御工事，而且爆炸的冲击波还能震晕幸存的敌军，使之无力反抗。

第一次世界大战里出现了现代地雷的雏形，不过，当时使用的款式还比较原始。德军最早是把半埋半露的迫击炮炮弹当地雷用的，引爆这种"土雷"可以炸毁敌方的坦克车。而真正意义上的地雷战则要复杂得多，工兵们需要在敌军的堑壕之下挖出一个隧道，填上高爆弹，待撤回到相对安全的地带后再引爆。布雷是一项相当危险的工作，隧道的塌方或渗水、泄漏的瓦斯和敌方暗藏的反爆破装置都有可能威胁作业工兵的生命安全，让其葬身在自己挖掘的隧道之中。由于相对固定的敌我位置更利于工兵作业，而堑壕战的阵地变化在各类战场之中相对较小，所以第一次世界大战里的地雷战基本都是以西线战场为舞台上演的。

第一个地雷阵

1914 年末，在距离法比边境 16 千米左右的费斯图波特附近，驻扎着印军的一个旅。12 月 20 日，德军在此旅的阵地下面预埋了 11 枚地雷，并引爆了其中的 10 枚——这是德军第一次使用地下爆破装置，也是第一次世界大战中同类作战手法的首次登场。但在 1914 年间还并不精通爆破技术的英军，后来却成了最常采用这种作战形式的部队。当年 12 月，英国老牌议员约翰·诺顿·格里夫斯在议会里首次倡导发动地雷战，随后，他受命负责在北部城镇之下的黏土层中打通若干条贯穿战场的隧道。被格里夫斯雇来干活的人号称"鼹鼠"，是一批所谓"背着十字架玩泥巴"的人。他们在隧道里干活的时候，都是背靠一个十字形木架坐着，腿伸向隧道待掘的一面，用脚像铁锹一样把黏土挖出来并丢到身后，其他人再把挖出来的土方运走。当然，也有一些部队用采矿机来挖隧道，不过这种办法用得很少，而且操作起来非常麻烦。

1915 年 2 月 12 日，作为首批受到英国官方承认的专业隧道挖掘单位，编号为 170~178 的"皇家技师挖掘队"正式成立，而最早被征召加入的技师则是原先在各类矿井下工作的矿工。之后，澳大利亚、加拿大和新西兰也成立了类似的部门专司挖掘。

英军出击

4 月 17 日晚，英国的首枚地雷在圣伊洛附近的 60 高地引爆，此后，地雷战的规模开始扩大，形式也越发复杂。军事史上规模最大的一次地雷战出现于 1917 年中期，这就是英军从 1916 年 1 月 6 日开始策划的莫西尼斯山脊之战。

此次地雷战的舞台正是邻近伊普雷斯南部的德军突出阵线。英军的工兵在长达 16 千米的山脊上一共布置了 12 个爆破点，总共安排了21次爆炸,也就是说,每个点的炸药还可以分1~2次引爆。为此番爆破服务的工事规模也很大,其中一条隧道竟长达640米。所有隧道完工后即填满当时爆破力最强的"阿芒拿",一条隧道内填充的炸药量最多可超过43吨,而德军前沿阵地之下共埋了近430吨爆炸物。

1917年7月7日,英军布设的地雷阵正式启用,除了两次哑弹外,其余19次都成功爆破。爆炸造成的弹坑中,规模最大的"孤树坑"竟有12米深,76米宽。消息很快就传到了伦敦和更远的地方,但当时没人知道开战首日的大爆破中到底有多少德军丧生,战后的记录也只显示了当天有1万人失踪。随后,英军俘虏了7350名德军士兵,其中大多数人被俘时都已经几乎被大爆破吓傻了。

帕斯尚尔之战

帕斯尚尔之战又称第三次伊普雷斯会战,是协约国部队为了冲破德军防线而发起的。此战开局不久,战局即在恶劣的天气之下迅速恶化,几乎演变成第一次世界大战中最为惨烈的对抗。

事件重点:
时间: 1917年7月31日~11月10日。
地点: 比利时西南部伊普雷斯以东。
结果: 英军在苦战之后终于占领了帕斯尚尔村。

1917年6月,英军在莫西尼斯之战中大获全胜,比利时重镇伊普雷斯东面及南面很长的一段山脊高地至此落入其手,唯独山脊北段仍为德军掌控。认为"德军必溃"的英国远征军司令、陆军元帅海格早就计划在佛兰德斯大打一仗了，而莫西尼斯的胜利无疑大大地加强了他作战的决心。海格坚信，只要能够在伊普雷斯突破德军防线，就能穿过比利时大部，直捣德国潜艇部队的母港，从而终结其对英国海上贸易的威胁。

高夫进攻

休伯特·高夫率领英国第五集团军负责主攻。在主力部队以南，有赫伯特·普鲁莫率领的英国第二集团军，以北则是弗朗索瓦·安托万的法国第一集团军。在 3000 门大炮持续了 10 天的预备炮击之后，7 月 31 日凌晨 3 点 50 分，英军在一条长达 18 千米的攻击线上发动总攻。但连日的预备炮击已经给了守军足够的准备时间，德国第四集团军司令希克斯特·冯·阿尼姆将军此时早已加固好了防线等着英军的到来。

英军负责沿梅尼公路向伊普雷斯东南部进攻的部队在路上遭遇了拦截，而皮尔肯山脊及其东北方向主攻战场上的英国部队也收获寥寥。8 月 2 日，皮尔肯的战斗草草结束，英军短短 2750 米的推进距离却洒满了 3.2 万人的鲜血。连日的倾盆大雨和持续的火炮重击已经把战场变成了一片沼泽，虽然战斗还在继续，但在接下来从 8 月 16 日到 18 日的兰格马克之战中，英军却依然进展缓缓。

普鲁莫接管战局

8 月底，海格自感回天无力，只好让普鲁莫来收拾这个烂摊子。冷静地审视了当前的困境之后，普鲁莫意识到所谓的"决定性突破"只不过是一个无法实现的空想，所以，他决定抛弃原有的作战计划，另辟蹊径。他将进攻的规模缩小，不再采用追求全面击破德军防线的泛化战术，而是选定一些打击目标后实施小股进攻，打算一点一点地吃掉对方的有生力量。这样，海格为了扭转整个战局而发动的"制胜战"实际上就变成了一场"消耗战"。虽然海格自己并不情愿，不过鉴于法国还没有从尼维尔攻势后持续了两个月的兵变中缓过劲来，也只好依计行事了。

从 9 月 20~25 日在东南部战场进行的梅尼公路之战，到 10 月 12 日~11 月 10 日在东北部战场爆发的两次帕斯尚尔之战，普鲁莫用若干次小规模的袭击吃掉了德军 1914~1915 年在此地占领的大部分阵地，使得英军在伊普雷斯附近的突出阵线往前推进了 8 千米。但双方为此付出的代价也非常惨重，英德双方分别伤亡 30 万人和 26 万人。

沿海、边塞及铁道线上的大炮

尽管第一次世界大战中采用的大炮中有不少都配备了移动滚轮，但也有一部分是为边塞堡垒之类的固定炮台设计的。如果炮体特别大的话，固定式大炮还可以装在专用的铁道炮台上使用。

在第一次世界大战爆发之前，欧洲大部分国家约有 10 年都沉浸在一种升级边塞堡垒、建造现代化要塞的狂热之中。相比建了不少新型要塞的奥德俄三国而言，英法两国的建造数量和建造水平显然还要高一个档次。而且除了工事的技术含量高之外，他们在建设选址方面也很严格，只有像比利时的列日和纳慕尔，或是法国的凡尔登和贝尔福之类的战略要地才有资格修建堡垒集群。此外，英法的现代化堡垒集群通常还配有重炮和机关枪，其中大炮一般是安装在圆顶炮台的伸缩钢架上。

不过，随着战前和战时越来越多的新式武器问世，边塞堡垒就渐渐地变成了一群纸老虎，完全无法阻挡重型火力的进攻。1914 年 8 月，列日和纳慕尔这两处号称"坚不可摧"的要塞分别在几天之内迅速沦陷。法国在比利时的溃败中看出了凶兆，鉴于自身本就缺乏重炮的情况，他们决定把既有堡垒中的固定大炮尽可能地改造为移动式野战炮和轨道炮，并从要塞中转移到野战场，为陆军的机动作战服务。

海岸防线

19 世纪下半叶，随着武装战船的发展，海岸炮台曾经受了一次严峻的考验。海岸防线上的大炮一般固定在砖土结构的炮台上，不过为了保护重要海港的关键区域，不少炮台后来都改用了混凝土结构。而轻型大炮的移动性较好，所以可安置在临时性掩体之后。除了大炮之外，海岸守军还装备有机关枪、探照灯和防潜栅等辅助武器。武装得如此全面的海岸炮团在整场战争里却鲜有表现的机会，最多也就是偶尔给相距甚远的敌军袭击舰回敬几枚炮弹而已——不过，第一次世界大战里的两栖作战本身就很少，所以连这种机会也不是很多。

英军的海岸卫队在第一次世界大战里从来没真刀真枪地打过一仗，不过，德国用来保卫重要基地的同类卫队倒是有过实战经验。黑尔戈兰岛是前往德军大洋舰队母港的必经之处，而比利时泽布勒赫和奥斯坦德被德军占领的运河入口则是其潜艇返回布鲁日基地的要道——德军在这几处都安排了重兵把守。其中，泽布勒赫和奥斯坦德的守军在 1918 年 4 月受到了英军的冲击，不过它们竟几乎毫发无伤地挺了过来。

轨道炮

在地面作战中，为了能够迅速地改变开火位置，吨位最重的大炮一般都是固定在轨道炮台上的。在西线战场上，前沿阵地后的铁道线纵横交错，轨道炮正好以此为契机大放异彩。1914 年末，法军第一个把大批的堡垒固定炮改置到平板推车上，轨道炮的雏形由此而生，专业版轨道炮随后即投入生产。不过，轨道炮也有弱点，它们无法自由地左右移动。所以，为了能够精准地打击目标，轨道炮还必须配备一段曲轨以方便移动，而后来的小口径轨道炮配备的曲轨就升级为可供其进行 360 度旋转的款式了。

康布雷之战

1917 年末，英军坦克在康布雷战场上率先采用了组团作战的战斗模式。然而，尽管英军在开战之初的进攻过程中取得了不少激动人心的成绩，但这些胜利的果实在德军的猛烈反扑下很快又被抢走了。

事件重点：

时间：1917 年 11 月 20 日～12 月 7 日。

地点：法国东北部的康布雷以西。

结果：尽管英军夺得了此战的先机，但德军的猛烈反扑最终扭转了战局。

第一辆英军坦克是在 1916 年的索姆河会战末期登上战场的，但由于作战时间太短，多为独立或小规模作战，战场地形过于崎岖泥泞或是布满弹坑等种种原因，当时它们还没有机会全面地展示自己的战斗实力。

热衷坦克战的陆军上校约翰·弗勒制订了一项夏日作战计划，

用大批坦克集中袭击阿拉斯东南面一段暂时没有战事的兴登堡防线。他的理由是：这里的干燥地面还没有被重炮的火力炸得坑坑洼洼，非常适合坦克作战。

描绘战斗蓝图

弗勒的计划得到了英国第三集团军司令朱利安·宾的认可，但陆军元帅海格在第一次看到计划书时却表示反对。不过，由于帕斯尚尔之战败局已定，海格亟须用一次振奋人心的胜利来压制住质疑他领导能力的声浪，所以他对弗勒计划的态度也开始变得温和起来。弗勒原本只是想发动一次小规模的进攻，但宾将军却想要将之变为一次全面突破。然而，宾将军手下的指挥官们却对1917年末的天气顾虑重重，因为很快又要进入暴雨连日的时节了，战场的路面又将变得泥泞不堪，而坦克兵们还来不及操练新的坦克战法——所有一切似乎都预示着这一次出兵将很难有好果子吃。

开始行动

无论如何，弗勒的计划在宾将军的力促之下还是实行了。英军的6个步兵团和两个骑兵师在1000门大炮的掩护下压上了长约10千米的德军前线——而跟他们对阵的是乔治·冯德·马维茨率领的德国第二集团军。战斗于1917年11月20日黎明打响，475辆坦克在没有进行预备炮击的情况下直接向德军阵地挺进。毫无准备的德军前线士兵吃惊之余即作鸟兽散，部分人当即投降。

随坦克进军的步兵在下午时已推进了6千米，在两军火线上形成了一个突出阵线。由于英军指挥官曾让步兵在弗莱斯克维斯村附近不必紧贴坦克作战，所以这里也成了德军唯一一股抵抗力量的来源。这天快结束时，康布雷对英军而言已近在咫尺，但德军此时却突然发动局部反攻，阻碍了英军的攻势。

康布雷之战首日，坦克车的表现可圈可点，由它们占领的新阵地比英军在持续了三个多月的第三次伊普雷斯会战里攻占的总数还要多。不过，有很多坦克随后即被敌军的炮火炸毁，还有更多由于在沟堑中翻倒或出现了严重的技术故障而被英军抛弃。

海格要求士兵们继续推进，但战局却再也没有任何进展。30日，德军开始全力反攻。虽然英军在北段突出阵线遏制住了敌人的攻势，但却没能保住南段阵地。12 月 7 日，战斗结束。德军在此战中损失 5 万人，其中有 1.1 万人被俘。而英军利用坦克车在开战时占领的所有阵地此时已全部非毁即失，不仅折损了 4.5 万人，更有 2/3 的坦克报废，余下的也必须大加修整。

不过，此战对英军指挥官们还是有教育意义的：首先，他们终于意识到战前长时间的预备炮击是不必要的了；其次，他们发现坦克集群作战的威力实在惊人。而德军指挥官们则认为坦克这种靠不住的东西根本就不能拿来作为实战的主要武器——这与英国人的观点完全相反。正是由于双方在战斗结束之后得出的推论相去甚远，因此也可以说，康布雷之战为双方在最后一年的战争策略定下了基调。

王牌飞行员与战斗机战术

毫无疑问，真正伟大的空军王牌都是技术精湛的飞行员和神射手，但真正能让他们笑傲蓝天的却是在空对空战斗中的冷静和无情。

空战的策略在第一次世界大战中有了长足的进步。不过，在战争后期才发展起来的空中缠斗出现之前，很少有飞机会在面对面的空战对阵中被敌机击落。要打掉敌方的飞机，最好是悄悄地飞到它后方略低的位置近距离开火，而速度更快、移动更灵活、火力更猛的飞机显然在这种行动中更具优势。第一次世界大战的空军对决其实拼的就是技术，任何一方只要造出比较优秀的战斗机，就能把胜利的天平往自己这边倾斜，但等到另一方造出了更好的飞机，那局势又会完全改观了。

每个国家的空军部队里总会有那么几个技术特别好的飞行员。最早发明"王牌飞行员"这个称号的是法国人，该国的飞行员在1915年时要获得这个称号只需要击落5架敌机就行了，而德军的标准则是8架（后来又改成了16架）。英国人虽然不太喜欢这种个人崇拜式的嘉奖，但也在1918年3月时颁布了"卓越飞行十字勋章"的颁发标准——击落8架敌机的飞行员即可获此殊荣。

顶级王牌

空战特别集中的西线战场盛产王牌飞行员。德国飞行员曼弗雷德·冯·里希霍芬可算是王牌中的王牌，他在1916年8月到1918年4月间击落了80架敌军飞机，德国空军里没有任何人的战绩能超过他，而德军的第二王牌厄恩斯特·乌德特只击落了62架飞机而已。不过，协约国方面倒是有三个人可以与里希霍分并驾齐驱：法国的雷内·方克击落了75架飞机，英国的爱德华·"米克"·曼诺克击落了73架，加拿大的威廉·"比利"·毕晓普击落了72架。但是，"攻无不克"不等于"坚不可摧"，曼诺克就是被地面火力击中身亡的，而里希霍芬据说也是这个下场。

精英中队

每一支参战的空军都有一些战绩特别辉煌的飞行中队，他们的胜利也是用来鼓舞后方士气的宣传重点。其中，曼弗雷德·冯·里希霍分的"飞行马戏团"无疑是最著名的一个。这是一支由 4 个各有 12 架飞机的飞行小队组成的战斗机联队，成立于 1917 年 6 月，由飞机机身上炫目的图案而得名。

法国的精英中队代号为"鹳"。这支中队在成立时只有一个作战小队，1915 年，两个小队加入其中。不久，另外 4 个小队也归属其下，"鹳"队变身为第七作战联队。法国大多数王牌飞行员都曾在"鹳"队服役，这其中包括了方克和击落过 54 架敌机的乔治·居内梅。

美国的精英中队在其 1917 年 4 月对德宣战以前就已经开始行动了。拉斐尔中队原名"美军中队"，成立于 1916 年，是一支由飞行员志愿者组成的援法美军战队。1918 年 4 月，拉斐尔中队改由美国空军领导，而在那之前该队的 38 名飞行员已经取得了 38 次胜利。不过，美国最顶尖的王牌飞行员却不是这个中队的一分子，从 1918 年开始做飞行员的"爱迪"·里肯巴克原本是一名赛车手，他在自己短暂的飞行生涯中共击落过 26 架飞机和飞艇。

二月革命

在第一次世界大战开始之前，俄国就是一个四分五裂的国家，少数富人和绝大多数的贫苦百姓之间存在着不可调和的矛盾，战斗的阴影又让所有人都喘不过气来。最终，不断上涨的伤亡数字粉碎了一切妥协的可能，让俄国内部的局势在 1917 年的春天进入危急时刻。

在 20 世纪初的俄国，经济、政治和社会都被分裂的阴影所笼罩，平民阶级在压抑和不民主的环境下挣扎求生。1916 年底，俄国在东线战场上的伤亡及被俘人数达到660万。而在世人眼里，于1915年9月自封为最高指挥官的沙皇尼古拉二世此时就是一个战无不败的昏君。至于平日里作威作福的沙皇皇后——出生于德国的亚历山德拉夫人——相信玩弄女性的神秘主义者格里高利·拉斯普京，认为他可以帮助其患有血友病的儿子，并与之过从甚密而备受诟病。在第一家庭和皇亲国戚们依旧锦衣玉食的时候，广大劳动人民的生活却是一天比一天更难挨了。

按照公历纪元，"二月革命"其实发生于3月，"二月"是俄历日期（以儒略历为标准）。这是一次事前并没有经过周密计划的突发性革命。从1917年1月22日开始，以首都彼得格勒的14万人上街游行为起点，社会主义者和工人们组织了一系列的大罢工，点燃了这次革命的火苗。2月27日，又有8.5万人罢工。动荡的局面一直持续到了3月初，此时，不仅那些对食物短缺极为不满的人加入了工人的队伍，连首都的军队也拒绝镇压革命群众——3月11日，首都护卫军起义，革命之火越发燎原了。

沙皇尼古拉二世的内阁于13日集体辞职，失去了高级将领支持的尼古拉二世也只好于15日宣布退位。由于沙皇的弟弟米哈伊尔大公拒绝登基，罗曼诺夫王朝至此结束。尼古拉二世一家原想流亡国外了此残生，但却被发配到了西伯利亚的偏僻小镇叶卡捷琳堡。原本的第一家庭从此被软禁在一幢监视严密的房子里，并于1918年被他们的布尔什维克保镖暗杀。

新政府

1917年3月的革命给俄国带来了短暂的权力真空。在尼古拉二世宣布退位的同一天，利沃夫王子成立了一个自由临时政府，但立即遭到了政界激进分子的刁难。对新政府最为不满的就是布尔什维克党人，这个政党在当时的规模并不大，只是俄国社会主义阵营中很不起眼的一个小派别而已。该党的领导人弗拉基米尔·列宁是一个颇有魅力的人，以强烈的反战态度闻名于世，但他在二月革命爆发时却还在瑞士流亡。在德国人的帮助下，列宁于 4 月回到俄国，并于 16 日抵达彼得格勒。

苏维埃掌权

次日，列宁在彼得格勒苏维埃（工会）发表演讲——这次演讲的内容即是后来的《四月提纲》。列宁在演讲中呼吁苏维埃夺取政权，与同盟国取得和解，并提倡对社会财富重新进行分配。他的宣言吸引了一批志同道合的社会主义者，里昂·托洛茨基就是其中一员。虽然俄国中产阶级对此的反应颇为冷淡，但列宁的《四月提纲》却得到了广大人民的支持。究其原因，一方面来自俄国后方的经济衰退，另一方面，则是因为临时政府的战争部长亚历山大·克伦斯基在 7 月发动的攻势再次失败，这使得俄军士气骤降——俄国发动的这次进攻没能坚持几天，部队就已溃不成军，逃兵、叛兵的人数直线上升。

十月革命

在二月革命后的几个月里，俄国临时政府失去了对国家经济的控制权，而俄国的所有战果也因此而毁于一旦。11 月，日益强大的布尔什维克党觉得时机已到，遂以一己之力再次发动革命，试图全面夺权。

1917 年中期的克伦斯基攻势失败之后，俄国开始陷入更深层的混乱，临时政府的权威也一再受到布尔什维克党人的挑战。7

月 16 日，首都彼得格勒的卫军率先起义；随后不久，喀琅施塔得海军基地也爆发起义。星星之火遂成燎原之势，席卷了整个俄国。布尔什维克党人也投身到这场所谓"七月事件"的动乱之中，获得了大批反战人士的支持，但临时政府这次还是勉强将局势给镇压了下去。

接下来的几周里，局势更加动荡。9 月，刚被解职的高级军官拉夫伦提·科尔尼洛夫率军到彼得格勒，不想却在半道被当地的铁道工人截下。14 日，科尔尼洛夫被迫投降。这一看似不起眼的事件却引发了人们对于独裁复辟的恐惧，临时政府的形象也因此变得更加不堪。在人们的担忧和临时政府威望的下降之中，布尔什维克领导人弗拉基米尔·列宁和里昂·托洛茨基看到了机遇，迅即要求苏维埃（工会）扣留临时政府成员，夺取领导权并立刻与同盟国进行和谈。

10 月 29 日，托洛茨基成为军事革命委员会的领袖，并成功地拿到了首都的兵权。11 月 7 日（俄历十月二十八日，这也是"十月革命"名称的由来），军事革命委员会宣布国家政权归彼得格勒苏维埃所有。次日，完全由布尔什维克党人组成的俄国新政府——苏维埃人民代表大会成立，列宁就任主席，托洛茨基任外交部部长。

和谈

新掌权的布尔什维克党一方面要巩固其对整个俄国的统治——俄国耗时长久的内战（1917~1920 年）也是因此而爆发的——另一方面则急于兑现其夺权之前对国人做出的停战承诺。12 月 3 日，德俄双方在布列斯特－立托维斯克举行和谈，一致同意在 16 日停火。6 天后，德俄就具体的停火条款进行交涉。但这时俄国却开始支吾搪塞，期待奥匈帝国和德国也能爆发革命，这样他们就无须支付任何停战代价了。德国急于将兵力在 1918 年春天之前转往西线，在日复一日的扯皮中渐渐耗尽了耐心。

德国的严酷

为了让俄国人能够正视这次谈判，德国于 1918 年 2 月 17 日发动了对俄袭击，即"佛斯特查拉格行动"。德军以两天之内突进 240 千米的气势，迫使布尔什维克在 48 小时后接受了和平条款。3 月 3 日，德俄双方签署《布列斯特－立托维斯克条约》。俄国在这个苛刻的条约里失去了波罗的海诸国、芬兰、波兰和乌克兰等的大片领土，其中乌克兰是解决俄军粮草问题的重要产地。

但对这些地区的新领主来说，《布列斯特－立托维斯克条约》的签署也不是什么好事。德国本来是想节约兵力以供西线战场之用，到头来却不得不一次性在属于东线战场的新领土上驻扎 100 万~150 万的军队——而此时法国和美国的军队正以泄闸洪水之势冲入战场。无奈之下，大部分德军部队只好按兵不动。在俄国布尔什维克党支持者和反对者之间的内战爆发之后，德国鲁迪格·冯德·戈尔茨将军率军前往刚刚独立的芬兰，并在那里一直待到了停战。

卡波雷托之战

意军在第十一次伊松佐会战中大获全胜，疲于应付的奥匈帝国只好向德国请求紧急支援。而德军则在卡波雷托之战中将意军打得丢盔弃甲、溃不成军。

事件重点：

时间：1917 年 10 月 24 日～11 月 12 日。

地点：意大利东北部的伊松佐河沿岸。

结果：意军溃败，但部分军队由于得到了协约国援军的帮助而得以保存。

1917 年 4 月 8 日，意大利总参谋长路易吉·卡多纳在维琴察会见了法国总司令费迪南德·福煦。卡多纳表示，他非常担心德军会出兵意大利战场协助奥匈帝国的军事行动，希望英法两国可以在需要的时候从西线战场调兵支援意军作战。在就此问题达成协议之后，双方的参谋们就开始着手制订实战计划。此外，福煦希望意大利能在当月布置一次攻势，以协助英法在西线战场的工作，卡多纳接受了这一建议。

在法国的尼维尔攻势和英国在阿拉斯的战斗结束之后，5 月 12 日，卡多纳终于发动了第十次伊松佐会战。这次的战场位于地形崎岖的山区，意军在持续十几天的战斗里斩获寥寥，却付出了 15.7 万人的代价。6 月 8 日，卡多纳在惨重的伤亡数字之下宣布停止进攻。此时，奥军却只损失了 7.5 万人。

卡多纳重整旗鼓，于 8 月 28 日发动了第十一次伊松佐会战。此次参战的意军部队规模较大，除了路易吉·卡佩罗率领的第二集团军之外，还有奥斯塔公爵指挥的第三集团军。奥斯塔公爵受命在戈里奇亚和的里亚斯特之间的南段战线采取行动，但很快即被奥军拦截；而北段战线的卡佩罗将军则占领了拜恩西扎高地，取得了显著的成绩。9 月 15 日，意军因缺粮少弹而停止了攻势，此时部队又已有 14.8 万人伤亡。

德国的干涉

奥军在第十一次伊松佐会战中损失了 5.5 万人，拜恩西扎高地的失守则让部队士气濒临崩溃，迫不得已的奥匈帝国高层只好向德国求援。德国新编第十四集团军随后即在奥托·冯·布罗的带领下开赴战场。这支全数由德国人组成的军队共有 7 个师，每一个作战单位都受过良好的军事训练。虽然光以师级单位的数目而言，德军就已占了优势，但布罗却依然不敢掉以轻心。他将最精锐的兵力集中起来，在伊松佐北段的卡波雷托和托米诺附近一段狭窄的火线上，对意军防守最为薄弱的部队发起了进攻。

在经过了 1500 门大炮和迫击炮的持续弹幕攻击后，此次对抗于 10 月 24 日正式开始。德军的虎狼之师在暴风突击队的带领下用渗透战术（即躲开每一个防守火力点），越过了意军的封锁线。

疯狂撤退

意大利第二集团军的溃败拉开了整个边翼部队疯狂西撤的序幕。意军原本还想守住塔格里亚门图和利文扎河的防线，但到 11 月 12 日战斗正式结束时为止，卡多纳也只是勉强能保住更南面的皮亚韦河不失而已。关键时刻，普鲁莫将军带领英法两国共计 11 个师的军事力量杀入意大利战场。而布罗的部队居然在此时补给不足，意军就这么凑巧地躲过了灭顶之灾，不过，4 万人伤亡、27.5 万人被俘的损失也够他们受的了，意军至此在精神上已经算是完全崩溃。奥匈帝国和德国在此战中总共伤亡 4 万人，悬殊的战绩让卡多纳的最高领袖之路走到了尽头。11 月 4 日，比卡多纳更为谨慎的阿曼多·迪亚斯成为新一任的意大利总参谋长。

最后一次高加索之战（1917~1918 年）

俄国的退出并没有终结高加索战场上的厮杀。自 1917 年后，奥斯曼土耳其、德国和英国的部队还一直在争夺此地的控制权，战火就这么一直烧到了大战结束时。

1917 年 3 月爆发的"二月革命"几乎掐掉了俄国在第一次世界大战剩余时间里的所有戏份，在高加索地区与俄军鏖战良久的奥斯曼土耳其部队还以为终于可以喘一口气、换一个地方打打仗了——譬如去美索不达米亚平原或者巴勒斯坦地区什么的。可惜，事与愿违，高加索战场的战火不仅没有熄灭，反而牵扯了更多的势力进行角逐，除了俄国和奥斯曼土耳其之外，英国、德国以及当地的民族主义者也都搅进了斗争的旋涡之中。

亚美尼亚大屠杀

在奥斯曼土耳其的血腥统治之下，亚美尼亚人过着地狱一般的生活。他们当中有 60 万人在第一次世界大战爆发后由于饥荒和缺水而死亡，而更多人则在 1916 年中期到 1918 年 5 月之间被屠杀。奥斯曼土耳其帝国无视亚美尼亚民族主义者的救国热情，而俄国出于利用亚美尼亚地区作为对奥斯曼土耳其作战缓冲区的现实考虑，则表示愿意为其提供帮助。与亚美尼亚毗邻的格鲁吉亚和阿塞拜疆也同样面临着民族主义热情落空的问题。"二月革命"之后，亚美尼亚方面于 1917 年 8 月间在格鲁吉亚首府第比利斯与两省代表进行会谈，商讨成立一个统一的国家。尽管这三地在之前曾是敌对关系，但在共同的理念之下，三地代表协议在 9 月 17 日成立外高加索人民共和国。

土军再次入侵

虽然亚美尼亚已经于 1917 年下半年与奥斯曼土耳其方面进行了和解，但仍无法阻止土军利用德俄两国在 1918 年 3 月签署的《布列斯特－立托维斯克条约》捞取好处——该条约明文确认了奥斯曼土耳其对高加索地区各省的控制权。在小股德军的协助下，奥斯曼土耳其战争部长恩维尔·帕夏派出了一支 5 万人的部队再次进入高加索地区和波斯北部。不过，由于这支部队的负责人指挥不力，此次入侵的效果并不明显。4 月 15 日，奥斯曼土耳其占领了格鲁吉亚在黑海海岸的巴统港；5 月 26 日，奥斯曼土耳其与亚美尼亚签署了《巴统协议》。随后，亚美尼亚宣布独立，外高加索联盟宣告瓦解。奥斯曼土耳其的野心还在膨胀着，企图通过巴统港向东面的巴库进军——此地位于阿塞拜疆的里海海岸，石油储备非常丰富。

1918 年初，巴库曾被俄国革命军占领，后又落入格鲁吉亚民族主义者之手。在奥斯曼土耳其 1.4 万人的部队往巴库挺进的时候，这个小镇周围却只有装备非常落伍的一支万人部队把守。守军向英国求助，不久（8 月 24 日）即迎来了他们的帮手：由亚美尼亚籍指挥官领导，人数不多但作战却非常灵活的"邓斯特军"。土军准备于 9 月 15 日夜袭击巴库，使得邓斯特军在该港沦陷后陷入孤军作战的境地。

巴库的失守标志着土军在高加索地区及波斯北部大型军事行动的结束。1918 年 10 月 31 日，交战各方签署停战协议，英军在 1919 年 8 月的正式撤退之前曾短暂地回到巴库。然而，外高加索各部的独立并没维持多久。1919 年 11 月，格鲁吉亚被重新收归俄联邦；1920 年 4 月末，俄国占领巴库；同年 9 月，俄国和土耳其占领亚美尼亚。

比尔谢巴之战

英军在巴勒斯坦地区的军事行动一直都没什么进展，早先还吃了不少反击的耳光。1917 年中期，新来的英军指挥官终于扭转了这里的局势，并于 12 月占领了耶路撒冷。

事件重点：
时间： 1917 年 10 月 31 日。
地点： 巴勒斯坦南部的加沙和比尔谢巴之间。
结果： 英军狡猾地用障眼法瞒过了土军的耳目，得以集中到敌人防御最为薄弱的地段，并一举突破了敌军防线。

阿奇博尔德·默里是英军在巴勒斯坦地区的总司令。1917 年初，他决定把西奈半岛上残余的土军部队统统赶出去。1 月 8 日，默里发动了拉法之战，在 48 小时内即击溃敌军，以 500 人的代价换回 1000 名俘虏和若干门大炮。随后，默里获准向巴勒斯坦地区继续挺进，并在一定范围以内采取军事行动。此时土军已退到比尔谢巴海岸距离加沙 40 千米的防线上，这里和巴勒斯坦之间只有两段路的距离。

查尔斯·多贝尔将军是默里众多副将之一，他于 3 月 26 日在第一次加沙会战中发起了进攻。但由于行政工作没做好，作战沟通又很差，这次行动很快就失败了。1.6 万名英国士兵参与了此次作战，在与数量对等的土军交战后有 4000 人折损。当天晚些时候，英军撤兵。但默里的惨败不知怎么竟被当成了一次完胜，英军高层要求他"乘胜"向耶路撒冷进军，不得延误。

失败与解职

第二次加沙会战于 4 月 17 日开始。由于多贝尔误选了土军防守火力最强的地段进行攻击，差点就把开战行动变成了自杀行动。19 日此战结束时，英军伤亡 6500 人，土军损失 2000 人。默里刚炒了多贝尔的鱿鱼，自己就收到了来自英国伦敦战争部的解职信，而取代他的则是宣布要在圣诞节之前占领耶路撒冷的艾德穆德·艾伦比。经验丰富的艾伦比拒绝在援军到来之前继续进军，一定要等到他的部队有 20 万人才肯发动进攻。

10 月 31 日，艾伦比带领 8 万名步兵和 1.2 万名骑兵开始行动，与之对阵的是来自土耳其第七和第八集团军的 3.5 万名将士。此时，加沙已经经受了持续 6 天的预备炮击。在艾伦比构想的作战计划中，他将用小股士兵牵制住加沙的敌军，然后安排大部队袭击比尔谢巴。这个计划其实风险很大，因为如果艾伦比的部队不能把镇上所有的水井都占领下来的话，他们就要面临缺水的窘境。还好，一支澳大利亚骑兵在黄昏时分冲入镇中，受到鼓舞的英军一鼓作气，终于攻下了比尔谢巴。

攻陷耶路撒冷

由于占领的水井出水量不够，艾伦比的部队被困了好多天。而土军指挥官在这个关键时刻却犯了一个大错：他们误将一小支前往希布伦的骆驼巡逻队当成了前来袭击边翼部队的大规模敌军，并因此而命令大部队从比尔谢巴 – 加沙地区撤退；其中，第八集团军沿着海岸后撤，而第七集团军则朝着耶路撒冷退却。11 月 13~14 日，英军在"枢纽站之战"中再次袭击了第八集团军，并把他们挤到了更远的地方去。

艾伦比终于能看到耶路撒冷了。而此时镇守耶路撒冷的正是德国前总参谋长艾力克·冯·法金汉将军，他在耶路撒冷西北部的朱地安山地上设置了一条全新的防线。随后，又有一支奥斯曼土耳其预备部队前来支援。英军花了好几个星期才打退这些守军，12月11日，艾伦比步行进入耶路撒冷。此战给英军造成了1.8万人的伤亡，而土军则折损2.5万人。

美索不达米亚战役（1917~1918年）

1916年时，英军在美索不达米亚地区的行动曾一度陷入困境，但情况在次年发生了极大的逆转。随着军备急剧增加，部队规模不断扩大，英军一路势如破竹地把奥斯曼土耳其守军往南逼退，并以此保证了1918年在这个战场上的全面胜利。

1916年12月中旬，英国驻美索不达米亚部队总司令弗雷德里克·毛德带领一支16.6万人的部队，沿底格里斯河两岸向巴格达发动进攻。1917年2月底，毛德的军队来到了库特，也就是英军在1916年4月吃过一场败仗的地方。2月22~23日，第二次库特之战爆发，毛德成功地剪掉了奥斯曼土耳其守军的两翼，迫使其向北方的巴格达撤退。但断后的奥斯曼土耳其部队颇有本事，到27日，竟让英军的攻势在距离巴格达72千米的阿奇奇耶附近陷入停滞。3月11日，毛德无视哈利勒·帕沙率领的奥斯曼土耳其第六集团军，直接攻陷了巴格达。

此时，奥斯曼土耳其部队在这一地区的主要兵力正集结在萨马拉以北48千米处的提克里特。然而炎热的天气却让毛德不得不暂时停止所有的大规模行动。初秋，天气终于凉了下来，毛德立刻发动了新一轮的进攻。这次他计划让部队分三路行事：一路从萨马拉出发，沿着底格里斯河前进；一队从费卢杰出发，沿幼发拉底河行动；最后一队也以费卢杰为原点，但却向东挺进波斯。三路部队之中，沿幼发拉底河行动的一支在 9 月 27~28 日的拉马迪之战中大获全胜，另外两支则成功地打退了奥斯曼土耳其部队，并于 9 月 5 日占领了提克里特。

指令更改

11 月 11 日，由于毛德感染了霍乱，英军安排威廉·马歇尔来接替他的位置。马歇尔原本想接着毛德的活干下去，没想到却于 1918 年初接到了裁军的命令。自此，除了在 1918 年 3 月再次沿幼发拉底河进行了小规模的推进之外，此地的英军再无能力发动任何进攻。热浪又一次席卷美索不达米亚，英军再次被迫暂停所有的军事行动。等到天气稍显凉爽，马歇尔下定决心向前挺进时，中东的战略局势却又发生了戏剧性的变化：10 月 26 日，巴勒斯坦的英军向北挺进叙利亚，并占领了阿勒颇；同一天，三名奥斯曼土耳其大使抵达爱琴海里默诺斯岛上的穆多罗斯，商讨停火事宜。

土军撤退

阿勒颇的沦陷切断了奥斯曼土耳其部队与其大后方的所有联系，使得他们的任何抵抗都显得毫无意义了。尽管土军没打算负隅顽抗，但英军高层为了巩固英方对当地油田的控制权，仍于当年 10 月要求马歇尔再次沿底格里斯河发动进攻。土军士气不振，打不赢也很正常；但英军也没那么顺利地吃到胜利的果子，在沙夸特胶着了好几天后，直到 30 日才把 1.1 万人的土军制伏。英土双方当天就在一艘停泊在穆多罗斯港的英国战舰上签署了停火协议，并于 31 日正式停战。在最后一波攻势里，一支英军飞行中队于 11 月 4 日占领了提克里特以北 120 千米的摩苏尔。

美索不达米亚战役始于 1914 年 10 月的一些小摩擦，在接下来的两年里，战事由于指挥官的无能和思维不清而一度陷于混乱。最后，大英帝国用成千上万千里迢迢从英国本土赶来的军队，终于夺取了这个次级战场的小小胜利。虽然他们如愿以偿地占领了这里宝贵的石油资源，但也付出了沉重的代价——9.7 万名士兵因为疾病肆虐等原因在此或死或伤。土军方面的损失虽然具体数字不详，却可以肯定要比英军更为惨重。

打败潜艇（1917~1918 年）

无论从武器还是从战术上来说，德国潜艇部队自诞生之日起都从未遇过敌手。但到 1917 年 5 月，在美国参战后不久开始出现的护航系统，却渐渐地扭转了局面。

1917 年 1 月 9 日，德军宣布将从 2 月 1 日起再次进行无限制潜艇战。为了达到在 5 个月之内击溃英军的目的，德国把中立国小小的舰船损失和人员伤亡都当成了“可以接受的代价”。但他们忽略了一个重要的问题，那就是“中立国”包括了美国，而这一决策将直接把美国拖入战局。自 1 月 3 日德军第 53 号潜艇在锡利群岛海域击沉了美国的“休萨托尼克”号之后，美国总统伍德罗·威尔逊即宣布与德国断交。但德国人还是抱持着侥幸心理，认为美国即使对德宣战，在两年之内也无法发动行之有效的登陆作战或海上对抗。

未能出战的潜艇

1917 年初，包括 42 艘正在修理的潜艇在内，德军共有 105

艘服役潜艇，此外还有 51 艘已在制造厂下了订单。1 月，潜艇部队共击沉 180 艘舰船，其中约有 1/3 属于中立国。自 2 月 1 日无限制潜艇战正式上马后，协约国的损失就更是步步"看涨"：当月协约国折损舰船 245 艘，3 月为 310 艘，4 月为 373 艘。而德美关系在此期间亦急剧恶化。2 月 25 日，英国客轮"拉克尼亚"号被德军潜艇击沉，在遇难的 12 人中就有 4 名美国人；随后，又有许多美国舰船被德军击沉。3 月 12 日，美国忍无可忍之下对德宣战，并为所有商船提供了武装。次日，美国海军部授权所有美国舰船在需要时即可对潜艇采取反击。

美国参战

1 月 17 日，德国外交部部长阿尔弗雷德·齐默尔曼给德国驻美大使贝恩斯托弗伯爵发了一封电报，要求他悄悄地找到墨西哥政府，以"收回得克萨斯、新墨西哥和亚利桑那州内原属墨西哥的领土"为条件，诱使其成为德国的盟友。这封史称"齐默尔曼电报"的电文是第一次世界大战中一个重要的转折点，英军截获了这封电文并解密后将之转给了美国，而美国政府则把它公之于众。时任美国总统的伍德罗·威尔逊在经过国会同意后，于 4 月 6 日对德宣战。尽管当时美国军队整体上还没有做好战斗准备，但其海军部队无疑将会在反潜作战中发挥重要的作用。

4 月，英军发现食物供给和重要原材料都已严重不足，如果不及时遏制住德军潜艇的威胁，那么现有物资只能撑到 6 月而已。不幸的是，早先的反潜作战基本都以失败告终，当年第一季度协约国击沉的德军潜艇数量用一只手就能数完。无奈之下，英国只好为每一艘商船配备小型战舰做"保镖"，后来的"保镖"阵容还包括了空中掩护。这个护航系统从 5 月 10 日开始启用，但却直到当年最后 4 个月才开始真正发挥作用。

截至 1917 年 4 月，德军潜艇已击沉了累计 881000 吨重的协约国舰船，其中 63% 为英国舰船。但自那之后至当年 12 月为止，潜艇的战果却还比不上之前的一半。而 1918 年 10 月（即第一次世界大战最后一个月）里协约国总共才损失了 118500 吨重的舰船，其中 50% 是英国的。然而，在第一次世界大战的最后两年里，德军潜艇的损失却与日俱增：从 1914 年 8 月到 1916 年底，德军总共才损失了 46 艘潜艇，而仅算 1917~1918 年，损失的数字就已有 132 艘了。

反潜武器

1914 年时，没有任何武器可以伤害到潜入水下的潜艇。德军无限制潜艇战给协约国带来的威胁迫使他们——尤其是英国——必须尽快发展出可以解决潜艇的办法。

由于在战前一段时间各国海军都致力于发展攻击性水面战舰，所以在第一次世界大战爆发时，反潜战还是一个相当新鲜的玩意儿。虽然开战后几周人们就意识到了反潜的重要性，但以英国为代表的协约国，却是在德国的无限制潜艇战中吃够了苦头之后才真正投入其中的——此时他们的海上贸易线路和大型商船都已屡次被击沉，再不用心不行了。

主动防御

由于潜艇无论是在水下还是在水面上行动都很迟缓，所以最开始，战船和货船都把速度和 Z 字形走法当成躲避潜艇袭击的最有效逃生方式。而如果选择夜间行船，或是不走那些特别繁华的商道，则船只存活的概率又要大很多。后来，人们又开始往船体上涂抹炫目的几何图案，以掩盖其真实的外形，并用船沿垂下的反潜网抵御鱼雷，来保护停泊在港口的船只。不过，人们渐渐发现这些方法都很繁杂，而且不是那么有用。为了保护像英吉利海峡那种狭窄而又脆弱的海上航线，人们又用联合反潜网、水雷和巡游艇组成了规模更大的保护系统，但仍然起效甚微。

1914 年的战舰只能用舰体冲撞或炮火袭击，才能击伤击沉浮上水面的潜艇，而潜入水中的潜艇几乎是刀枪不入的。由于大多数潜艇指挥官都喜欢直接用大炮而不是鱼雷来攻击手无寸铁的目标，所以协约国决定将计就计，给商船配备武器以作还击。除此之外，英国还发明了一种伪装成商船的军舰——Q 舰。这种船看上去就是一艘普通的货轮，很容易诱使敌军潜艇浮到水面，在较近距离发动攻击，但实际上这种船藏了很多武器。不过，Q 舰的效果并没有预期的那么好，而且很多潜艇在吃过亏后对一切像 Q 舰的船只都会有戒心，不太会在很近距离内发动袭击了。

后来，英军又发明了一种联动系统，将一艘可能成为德军攻击目标的水面舰船，用电缆之类的缆绳和一辆潜在水中的潜艇相连。一旦水面战舰受到敌人的攻击，该舰舰长就会通过电缆将信息传给潜艇里的战友。然后，潜艇舰长就解开两舰之间的缆绳，调整潜艇的位置，并向敌军潜艇发动进攻。

新型武器

当然，反潜方式不止于此。拖着一条引爆线的英军驱逐舰也是新式武器之一，不过这种武器需要在敌我双方极度接近时才能发挥作用。1915 年末，可以在水下爆炸的深海炸弹面世，但直到 1917 年才开始批量生产。水中听音器可以在水下探测潜艇的位置，但只要潜艇潜得更深一些或是行动时控制住噪音，就可以躲过这种仪器的追踪。1916 年 7 月 16 日，深海炸弹和水下听音器首次成功地结合作战。通过截取潜艇无线电情报和使用飞机、飞艇等确定潜艇位置的方法也很常见。

　　1914~1918 年——尤其是 1917 年 4 月协约国护航系统启用之后——德军共损失潜艇 178 艘，其中 38 艘是毁于事故或其他不可知的原因，而剩下的 140 艘里有 50 艘是被水雷炸沉的，29 艘毁在深海炸弹上，19 艘被水面舰艇的炮火击沉，19 艘被撞沉，18 艘被鱼雷击沉，还有 1 艘毁于空袭。德军在大不列颠群岛附近和北大西洋上分别损失 90 艘和 44 艘潜艇，所以他们又将这两片海域称为"死亡地带"。

1918 年——协约国的胜利

所有参战国都以乐观的态度迎接 1918 年的到来。虽然德军被节节败退的协约国军队牵制着，而美国大军的来临又迫在眉睫，但由于主力部队得以从东线战场上与俄国的缠斗之中解放出来，所以德军已有足够的实力在西线发动有效的进攻。协约国此时已经凭借海上封锁有效地遏制了德军的行动，他们只希望在大规模的美军抵达欧洲战场之前，这种局面能撑得久一点。战局的关键系于德军在 1918 年春天将要采取的最后攻势之上，此战德国若胜，则英法除了求和将别无他法；此战若败，则德军最后的战力储备将毁于一旦，而由于美军正急速集结到欧洲战场，这也就意味着德军再也没有反扑的机会。

在这样的局势之下，协约国选择按兵不动，而德军却决意拼死一搏。协约国安然挺过了西线战场上德军发动的所有进攻，德军虽然没这么走运，不过他们本来就没指望能速战速决，所以迅速地开始布置 1919 年的作战计划。就在这时，同盟国联盟却突然瓦解了，在 5 个星期之内，奥匈帝国、保加利亚和奥斯曼土耳其纷纷与协约国签订了停火协议。在那之后，德国又坚持了几天，最终于 11 月 11 日同意停火。

"迈克尔行动"

1917 年春，从东线战场上解放出来的战斗力给德国最高指挥部打了一剂强心针，让他们可以趁着协约国还没有取得决定性进展时，在西线布置一次足以决定鹿死谁手的攻势。

事件重点：
时间： 1918 年 3 月 21 日～4 月 5 日。
地点： 法国东北部兰斯和拉斐里之间。
结果： 尽管德军在行动之初小有斩获，但最终协约国还是经受住了他们的这次冲击。

1917 年与 1918 年之间的那个冬天，面对着英军日益紧密的海上封锁以及源源不断流入欧洲的美国部队，德军实际上的最高指挥艾力克·鲁登道夫将军意识到自己的部队已经时日无多。如果德国想要取胜，或者至少留住一些议和的本钱，他就必须于 1918 年初再次发动进攻。此时，德军正好有一大批人刚从东线战场上撤下来，而其新的训练制度也已锻造出了一支可以绕开防守据点快速作战的暴风突击队——这两拨人很自然地就成了鲁登道夫寄予厚望的对象。

这位最高指挥认为，英法两国在西线战场上的作战策略很不一样，这会使得他们在各自面临一系列大规模进攻的时候无法互相支援。此外，根据他的分析，法国人必定会把巴黎作为防守核心，而英国人则会死守英吉利海峡的沿岸港口。最终，他选择了原来由法国布防，但新近交由英国看管的一个"防御盲点"作为进攻的对象。

早期的收获

此次进攻定于 3 月 21 日执行，代号为"迈克尔行动"，袭击对象是在阿拉斯和拉斐里之间的一条长达 96 千米的防线，此防线由休伯特·高夫将军率领的英国第五集团军和朱利安·宾的第三集团军镇守。进攻前，德军安排了一次长达 5 个小时，无论是复杂程度还是惨烈程度都前无古人的预备炮击；接着，来自三支德国部队的暴风突击队员在大雾的掩护之下迅速推进。高夫的人马当时分散在 40 千米长的前沿阵地上，没多久即被击溃，但北段防线上，宾的部下则依靠极深的战壕有效地遏制住了德军的进攻。在小股法军的支援下，陆军元帅海格命令所有后备力量即刻填住防线漏洞。

4 月 5 日，鲁登道夫叫停迈克尔行动。此时，德军已推进了64 千米，但由于协约国反应迅速，特别是其地面部队有强大的空军协防，所以德方并没有获得任何有价值的进展。此外，造成德军行动失败的原因还有三点：一是其占领的地区对英军而言都无足轻重，而进攻部队本身的粮草供应不足；二是其机动性不足，没能及时拓展既得区域；三是炮兵部队跟不上暴风突击队的作战脚步。德军和协约国部队在此次对抗中各自都折损了约 24 万人，但英军至少用惨重的代价换回了相对的优势，而德军就真是白忙活了。

福煦指挥战斗

"迈克尔行动"不仅证明了英军在西线战场的空中优势，也让英法两国实现了前所未有的团结作战。3 月 26 日，协约国最高战争委员会任命费迪南德·福煦为英法两军的统筹人；4 月 3 日，他又被升为联军总司令。虽然此时的美国由于政治原因还不算英法的盟友，只能算是他们的协作势力而已，但身处法国的美军司令官约翰·珀欣也承认了福煦的职权。

后来的战斗机

第一次世界大战后期出现了很多高精专的战斗机。这些战斗机拥有之前任何飞机都无法媲美的飞行高度和飞行速度，而他们的出现也标志着技术竞争将决定制空权的归属。

第一次世界大战后期的战斗机得到了长足的发展。所有参战国的战斗机此时都已经解决了向前开火的难题，并且配备了动力更为强劲的引擎，机身也更趋流线型。也就是说，此时的战斗机已经拥有了灵活作战、快速升空和高速飞行的条件。每隔一段时间，交战双方就会推出自己的新产品，技术上的你追我赶导致制空权的争夺也因此更趋白热化。

1917 年的空战

1917 年春天的阿拉斯之战就是空军竞赛的最好例证。当时，英军的战斗机数量是德军的 3 倍，但基本上都是皇家飞机制造厂出产的 BE-2 型和 RE-8 型，德军的阿尔巴特罗斯 D 型飞机在作战能力上则远胜于它们。数量上的优势没能盖过技术上的落后，英军在他们所谓的"血色四月"中共计损失飞机 151 架，损失机组人员 316 人——而德军则只损失了 66 架飞机和 119 名飞行员。但是，英军很快用 SE-5 型飞机赶超了德军的 D 系列，而法军也不落人后地推出了斯巴德 S- Ⅶ型飞机。

1917~1918 年，大多数的战斗机都是双翼飞机，但也有少部分三翼设计相当出彩，如英国的索普维斯三翼机和曼弗雷德·冯·里希霍芬的座机——著名的福克 Dr-1 型飞机等。福克飞机是 1917

年 6 月投入战斗的，但由于出了几次事故，当年秋天曾被勒令停用。1918 年，福克机短暂地重返战场，当年夏天又被弃用。

索普维斯三翼机的战斗履历也不长。1917 年 4 月，这种飞机随英国皇家海军航空部队（RNAS）初次登陆西线战场，在速度和灵活性上出尽风头，短期内击落敌机若干。RNAS 第十舰队飞行 B 组的飞行员们是加拿大人，他们的 5 架索普维斯三翼机机身上部都被涂成了黑色，所以又被称为"黑机"。这 5 架飞机在 1917 年 5~9 月共击落 87 架德军飞机，而自己则毫发无伤。但随着德军研发出的更高级的战斗机登场，它们的全盛时期很快就结束了——当年 11 月，西线战场上最后一架索普维斯三翼机被召回，该类飞机的战斗历程至此结束。

双翼飞机

三翼机只不过是个特例，单座双枪的双翼机才是战场上最常见的。西线战场是空战最为密集的地区，因而在这里也最容易看到设计出色的战斗机。1917 年夏末，法军开始用自制的斯巴德 S-XⅢ型飞机取代老式的斯巴德 S-Ⅶ型，并作为主要空军装备投入使用，这款新飞机后来也成了比利时、意大利和美国的基本装备。1916 年末开始，绰号"幼犬"的英军索普维斯斯科特飞机大量登陆战场，这是一款功率较低、武装程度不高但行动灵活的飞机。1917 年 7 月，索普维斯 F-1"骆驼"型飞机取代了"幼犬"机，以总共击落 1300 架敌机的成绩变成了英军在第一次世界大战后期的主要武器。而 SE-5 型飞机也是英军的主要装备之一。

福克 D-Ⅶ是德军最后一款著名的双翼机，福克公司和阿尔巴特罗斯公司都曾制造过该款飞机。1918 年 5 月，福克 D-Ⅶ首次出征。虽然这款飞机作战非常灵活，但协约国依然凭借优质飞机在数目上的显著优势，将制空权牢牢地握在了手里。

防空炮

1914 年，大多数人还不知道什么是防空炮。随着空战的迅速发展，这种武器却很快成了争夺制空权的重要一环，得以在战场上大量布设。

第一次世界大战前，连空中威胁都还不过是一个构想，人们当然就更不会费神去设计一款可以把飞机打下来的大炮了。1908~1909 年，德国克虏伯公司或莱茵金属公司制造的"气球炮"可算是最早的防空武器，但这也不过是把野战炮转置到卡车或其他大型汽车上，以使开火仰角变大而已。当时的飞行器速度并不快，所以这种改装炮已经可以满足防空的要求了。而用来包围核心城市之类重要军事目标的大炮则有所不同，它们虽然也是由轮车野战炮改装而来，但其安放地多为具有一定攻击角度、可以进行 360 度水平旋转的炮台。

无论是第一次世界大战以前还是在 1914 年 8 月刚刚开战的时候，各国都没有理由为了本身就少得可怜的飞机去研发什么克敌之术。英国当时装置在拖曳式炮台上的大炮用一只手就能数完，而法国的同类装备就更少了，只有分别安置在两辆长期停在德·迪昂·布通装甲车上、仰角高到可以对空射击的大炮可以执行防空任务。不过，法国很快就开始大规模地使用自动炮，而英国为了加强伦敦周边的防空网络，也开始大规模地购进这种装备。

移动炮

战场上的防空炮基本都是用"嫁接"的手法做成的，一般是把轻型或中型野战炮固定在平板车或是专用车架上，然后再用其他车辆来拖曳、运输。举例来说，英国的马拉式轻型野战炮原本常被用来配合骑兵作战。后来，这种大炮被转移到配有下滑斜坡的卡车拖斗里（譬如索尼克罗夫特 J 型卡车或者"无与伦比的运货汽车"），用稳定器和螺旋千斤顶固定，以防止后翻。这些炮的炮管仰角可以高达 70~90 度，射程约为 4000 米，当然有个别款式不止于此。

火力控制

当时的飞机虽然飞得慢，但至少是个可以在空中做三维运动的物体，不像一般的炮击目标，往往是某个确定平面上的某一个固定不动的点，也就是说，即便炮兵在开火时瞄得再准，炮弹飞行的轨道再精确，等它抵达目标原处位置时飞机早就已经不在那里了——这也是防空炮面临的最大难题。为了突破这个攻击瓶颈，炮兵们给防空炮装上了全视角瞄准器。人们后来发现这其实是一种事倍功半的解决办法，于是便转而又发明了"中心位置射击法"。这种方法的具体操作办法是：将若干门大炮排成一排，由最中心的一门确定目标位置；炮兵把计算出的射击所需的高度、射程、速度等数据传给整排大炮的所有炮手，大家一起开炮。

事实上，当时的防空技术还很粗浅，所谓的防空炮能不能打中飞机从很大程度上来说还得靠运气，所以真想制空的话还得靠自家的飞行部队。不过，地对空的打击能力在干扰敌机侦察，趁着飞行员记录侦察数据时击落敌方飞机也还是有用武之地的。

德军最后的攻势

尽管在"迈克尔行动"中铩羽而归，但德国最高指挥部却还是不肯死心。1918 年 4~6 月，德军在西线战场上沿协约国防线多次发动进攻，而作为战斗主力，暴风突击队却遭受了惨重而又无法弥补的损失。

1918 年春的德国首攻在即将突破协约国防线时功亏一篑，意识到时日无多的鲁登道夫决意再次发动攻击，将本已唾手可得的胜利真正收入囊中。德军的第二次总攻于 4 月 9 日开始，代号为"利斯河攻势"，或称为"乔奇行动"，袭击目标是位于伊普雷斯和拉巴西之间的英国阵地。协约国方面的防守由陆军元帅海格指挥。当月 12 日，眼看着德军又要冲破防线了，海格紧急下令禁止任何作战单位后撤一步，这一决定最终挽救了濒于溃败的英军。自海格的军令下达以后，英军越挫越勇，防守越发顽强；而在英军坚不可摧的守势面前，德军只能勉强向前推进了 16 千米，在英军的防线上"扎"出了一个小小的突出阵线。最终，英军用 10 万人的代价阻止了鲁登道夫的攻势，保住了英吉利海峡的重要港口，并重创了德军的暴风突击队。

袭击法军

在英军那里吃了败仗的鲁登道夫决定另觅他途，他接下来的进攻目标是法国部队，而他选择的进攻路线则是圣母蹀道。此次进攻名为"布鲁克－约克行动"，又称"埃纳河攻势"，实际上只不过是德军制造的烟雾弹而已，以便在袭击佛兰德斯的英军之前多争取一些物资准备的时间。德军的两个集团军于 5 月 27 日开始挺进，并很快打下了一片 48 千米宽、32 千米深的突出阵线。虽然他们在此之后并未取得任何突破，但鲁登道夫却已有足够的信心安排下一次障眼法行动了。德军于 6 月 9 日针对法军实行了"格奈森瑙行动"，此次行动又称"诺扬－蒙特迪迪尔攻势"。虽然法军接到德国叛逃者的线报时早已加强了防御，但德军仍于 13 日对贡比涅发动了两次进攻，使得协约国最高指挥官福煦对战事有了犹豫。

原本打算集中兵力打击英军的鲁登道夫此时却改了主意，把全部精力都投在了对法作战上面。7 月 15 日，他在兰斯以西发动了德军的最后总攻——马恩河攻势。不过，德军的主力部队却没能在此战中捞到任何好处，反而倒贴了 50 万人的本钱，部队的士气也摇摇欲坠，原本严明的军纪已经开始涣散。而美军此时正以每月 30 万人的速度登陆欧洲战场。后备无人的鲁登道夫只好于 17 日承认失败，召回了刚在苏瓦松和兰斯之间打出了一大片突出阵线的德军部队。

协约国的还击

不过，世上没有想打就打、想停就停这么便宜的事，所以德军也不可能安安稳稳地撤回老家。当月 18 日，福煦即发动了作为对德全面反击的第二次马恩河会战。8 月 5 日，法军和 8 个美军师一起，以摧枯拉朽之势将德军在苏瓦松和兰斯之间的突出阵线连根拔起。至此，西线战场上的优势完全倒向协约国一方，而鲁登道夫也彻底放弃了在佛兰德斯发动进攻的打算。为协约国的大胜立下汗马功劳的福煦于 8 月 6 日被封为法国大元帅。

然而鲁登道夫的噩梦还没有结束。8 月 8 日，英法联军以步兵、坦克车、野战炮和空军相结合的方式再次强势出击，在几个小时之内就撕破了德军的防线，史称"亚眠攻势"。约有 1.5 万名德军士兵在此次攻势的第一天即举手投降，其他人也没有负隅顽抗，协约国以 4.2 万人的损失造成了德军 10 万人的伤亡。兵败如山倒，鲁登道夫震惊之余只有哀叹"德军黑色之日"的到来。9 月 4 日，此次攻势正式结束，第一次世界大战的结束终于进入倒计时阶段。

"巴黎炮"

1918 年春，德军已推进到距离巴黎不到 160 千米的地带。他们此时选用的一对体型巨大的高科技野战炮将法国首都及其市民直接罩进了炮击的阴影里。

1918 年 3~8 月，当德军主力在西线战场上发动一系列进攻的时候，专为打击法国首都居民信念而设计的巨炮"巴黎炮"正在悄悄赶制中。该炮的构思始于 1916 年春——当时德军在西线战场上的阵地距离巴黎只有 96 千米。其正式名称是"兰格 210 毫米口径滑炮"（或"210 毫米口径长管加农炮"）。为了纪念德国皇帝威廉二世，它还有一个绰号叫作"威廉之炮"。

"巴黎炮"的设计

这门巨型大炮由克虏伯公司牵头策划，德国皇家海军的炮兵指挥部协同制造。"巴黎炮"的弹道设计非常复杂，所以制造工作本来就困难重重；而德军在 1916 年秋撤回兴登堡防线后，与巴黎之间的距离又增加了约 20 千米，使得炮管长度必须加倍才能完成原定任务，这又给工匠们带来了新的麻烦。然而，兵工厂还是克服了阻碍，将"巴黎炮"从图纸上带入了现实世界，并顺利地在马彭试射场完成了炮弹试射的任务。在设计终稿里，这款巨炮可以拆卸为若干部分，由铁路或特制容器运抵战场，然后在选定的设计点重新装配——这活儿说起来容易，真要拼凑出一个完整的"巴黎炮"可不是件轻松的差事。

实战

为了对巴黎实施炮击，德军选择了三个隐蔽在森林里的火力点。从 1917 年 11 月开始，德军部队就在巴黎东北及东部、环绕里昂和兰斯的铁路沿线进行大炮定位工作。除了布设新轨道之外，他们还要挖坑、配置大量的混凝土，从而为能够承受住巨炮后坐力的炮台打造一个坚实的地基，此外还要为火力点进行伪装，紧张有序的准备工作一直持续到了 1918 年 2 月。第一门巨炮位于格莱比－劳诺伊斯，3 月 23 日~5 月 1 日发射了 183 枚炮弹；第二门位于柏伊斯－柯比，分别在 5 月 27 日~6 月 11 日和 8 月 5~9 日两个阶段里发射了 104 枚和 66 枚炮弹；第三门位于柏伊斯－布鲁耶尔，在 7 月 15~19 日发射了 14 枚炮弹。

也就是说，共有 367 枚炮弹落在了巴黎及其附近的区域，共有 256 名巴黎市民在这几次袭击中丧生，620 人受伤。由于每发射 60 枚炮弹就要更换一次炮管，而且开火位置经常要变，所以巨炮的攻击并没有规律可言，有时候发射的炮弹一天比一天少，有时候很多天都不发一枚。不过，人们在炮击的第二天就发现了一件事：3 月 23 日的炮击以 20 分钟为间隔，而 3 月 24 日早晨的炮击间隔则只有 3 分钟——这说明当时至少有两门巨炮在同时作业。

协约国部队一直没能对"巴黎炮"造成任何威胁，这种巨炮最后退出战场也是由德军溃败导致的——德军在协约国 8 月的攻势之下大规模后撤，巨炮的火力已经够不到巴黎了。在德军撤走后，巨大的炮台还留在原地，但协约国部队却没能在那里发现一星半

点的武器残片，甚至连巨炮使用的痕迹都没找到。对此最为合理
的解释是，巨炮在撤走前已经被拆解了，而拆出来的高级金属则
已另作他用。

对地攻击机

在第一次世界大战中，空中武装力量和地面部队的近距离协
作渐渐成了进攻时的重要组成部分。但与之不相匹配的是，没有
多少飞机是专为这个目的而造的，而在战争进入尾声之前投入实
战的专用机就更少了。

轻型轰炸机和战斗机在第一次世界大战战场上常被用来执
行密接支援行动，但最让人印象深刻的却是它们的对地攻击。在
1917 年添加了保护层的专用对地攻击机出现之前，毫无防护措施
的轰炸机和战斗机负责了绝大部分的对地攻击任务。当时，轻型
轰炸机在降到中等高度时向下投掷炮弹的准确性并不高，而战斗
机在投弹的同时用机关枪进行对地扫射的低空作业难度也很大，
加上俯冲的飞机完全暴露在地面守军的火力之下，所以飞行员们
大多从心底里讨厌这类玩命的任务。

德式对地攻击机

1917 年，德国 AEG 公司在其既有 C 型双座单引擎侦察机的
基础上，制造了世界上第一架对地攻击机——J 型飞机。J 型机的
引擎比 C 型机的马力更足，此外还有两挺可以朝前下方开火的机
关枪。本来 J 型机只是为更专业的对地攻击机作铺垫的过渡机型，
但由于后者的制造出现了诸多阻滞，所以 J 型机持续生产了 600 架，

并一直沿用到了第一次世界大战结束。

奥巴特罗公司是德国的另一个大型军工企业。1917 年末，该公司同样名为 J 型飞机的双座机登陆西线战场。此时的 J 型机既可作侦察和轻型轰炸机之用，又可承担对地支援任务，该机以奥巴特罗公司的 C 型机为蓝本，是 AEG 公司所产 J 型机的替代品。奥巴特罗的 J-1 型机保护措施特别到位，飞行员共有 3 挺可操作的机枪（其中两挺可向下开火），但速度很慢，行动也不够灵活，最糟糕的是其设计者没有设计任何的引擎防护措施——这一疏漏一直到 1918 年 J-2 型飞机面世才得以纠正。但 J-2 型飞机在第一次世界大战结束前的战场上却鲜有露面。

雨果·容克和安东尼·福克属于当时最顶尖的航空设计师，他们联手将原有的容克 J-1 型双座双翼机发展成了对地攻击机。最原始的容克 J-1 型是一架全金属飞机，经过修改后机尾改用了木制材料。J-1 型机在 1917 年末的首次飞行后，即于 1918 年春参加了德军的总攻。该机风靡一时的关键在于其配备的无线电设备，飞行员从此可以在精确的指挥下对地面目标发动攻击了。但 J-1 型机的制造工序实在太过繁杂，而这也限制了它的批量生产——到 1918 年 11 月为止，只有 227 架 J-1 型机参与了战斗。

协约国的回应

协约国对于专用对地攻击机的兴趣不大，更倾向于使用多功能飞机来执行对地攻击任务。举例来说，法国萨默森 2 型飞机自 1918 年 2 月登上战场之后，除了对地攻击之外还多次作为轻型轰炸机和侦察机执行任务。

英军则用索普维斯 F-1 型"骆驼"战斗机执行对地支援任务，但由于缺乏装甲保护，这种战斗机在战时损失十分惨重。后来英军还曾试图制造 TF-1 型（即堑壕战斗 1 型）"骆驼"战斗机，结果却无功而返。索普维斯 TF-2 型"蝾螈"机从 1918 年 5 月开始批量生产，是英军的第一款实战对地攻击机，但它们还没能在战场上执行几次任务，战争就结束了。

给美军的装备

临时参战的美国在战前并没有相应的人力储备和足以提供大批军备的军工企业。虽然他们东拼西凑地好歹用成千上万人组成了一支奔赴欧洲的战队，但在军备方面却只能完全依赖英法两国的支持。

1917 年中期，英法两国的军事工业已经得到了长足的发展，但由于在战争前期人员伤亡过于惨重，竟面临生产出大批武器却无人来用的窘境。而美国的情况则正好相反，其预备役部队人员充足，但军工企业的生产力则无法在短期内为之提供充足的装备及弹药。在战场上，时间就是生命，如果要美国自己给每一个士兵量体裁衣、装备武器的话，西线战场上的协约国阵地早就崩溃了。英法两国根本等不及美国能实现自给自足，因此决定给这位新战友提供从制服到武器的一切军备。不过，美国海军却不需要他们的帮助——这支部队是该国最强大的军事力量，随时都做好了战斗的准备。

这种"你出人力，我出物资"的解决方法还有一个好处，那就是节省了运输船上为武器装备预留的空间，使得每一艘运兵船每次都可以多运一些士兵，船速也得以提高。多亏了这个一箭双雕的计划，美军才得以在 1917~1918 年顺利地将 200 多万士兵运到了欧洲战场。

制服和步枪

大部分美国军人在参战时穿的都是自己的制服，配备的也多半是美国本土生产的轻武器，如 1903 斯普林菲尔德步枪和勃朗宁自动步枪。当然，这其中也有一些例外：比如美国步兵大多佩戴的是英制钢盔，而与法国部队协同行动的作战单位——这里不包括美国黑人部队——佩戴的是法制阿德里安头盔；除了美制步枪，他们还配有由英制步枪演化而来的 M1917 型（即恩菲尔德型）步枪，和法制乔奇轻机枪，与法军协同作战的美国黑人部队配备的是勒贝尔和贝提尔步枪；而美军使用的重机枪则全部是美制勃朗宁 1917 型机枪。

大炮

但从重型武器方面来说，美国远征军就得完全依赖英法的技术支持了。法制 75 毫米口径野战炮和 155 毫米口径榴弹炮都是美军的主要装备，而英国也为之提供了大量 203 毫米口径榴弹炮作为支援。美军装甲部队主要由法制雷诺 FT–17 轻型坦克组成，此外还有少量吨位更重的坦克来自英国。法国有一个兵工厂还曾经打算以英式马克Ⅷ型坦克为模板，改用美式飞行引擎，大批量地制造所谓的"协约型"或"解放型"坦克，但这些坦克却没能在第一次世界大战结束前投入使用。

美国空军在第一次世界大战中使用的飞机以美制柯蒂斯 JN 系列为主，但也有不少以法式和英式设计为蓝本，配备了美式飞行引擎、在美国境内合法制造的款式。此外，直接从英法两国购买的飞机也不在少数，其中来自英国的飞机有 4881 架，来自法国的有 259 架。美军飞行队采用的战斗机主要是法制纽波特 28 型和斯巴德 S 系列。1918 年后期，美军轰炸机组在美制 DH–4 机的基础上，开始大规模使用法式布雷盖 14 型和萨默森 2 型机。

美军的第一轮作战

虽然美军在 1917 年 5 月末就已抵达欧洲，但却直到 1918 年 1 月才开始参与作战。在经过了一段时间的小打小闹之后，美军部队在 1918 年 5 月阻止德军攻势的过程中终于一鸣惊人。

事件重点：

时间： 1918 年 5~6 月。

地点： 西线战场上若干战斗点。

结果： 在美军的帮助下，协约国抵挡住了德军的攻势，并夺回了部分曾经沦陷的阵地。

按照欧洲的标准来说，美国的"20 万大军"其实只是一支作战小队，而他们在 1917 年 4 月 6 日对德宣战时，根本就没有做好充足的战斗准备。5 月 19 日，为了在奔赴欧洲之前凑出一支百万雄师，美国议会通过了《义务兵役法案》，开始面向全国进行为期一年的征兵。6 月 10 日，约翰·珀欣被任命为美国远征军总司令；13 日，珀欣抵达法国；28 日，第一支 1.4 万人的美军部队登陆欧洲。在接下来的几个月里，美军部队一直在学习堑壕战的战术，并未参与任何实际行动。10 月，美军首次奔赴前线，但他们在 11 月 3 日就吃下了第一场败仗。

处女秀

美军直到 1918 年 5 月才得到了一次全力出击的机会。当时，自 3 月底开始，德军部队在西线战场上若干节点对协约国防线进行打击，嚣张了好一段时间。5 月 28 日，美军少将罗伯特·布拉德受命率领第一师主动出击，进攻被德军占领已久、防御工事无比坚固的康蒂尼观察点。在以迅雷不及掩耳之势攻下这块阵地之后，布拉德又带领士兵们在 48 小时内打退了敌军的若干次反攻。

马恩河之战

5 月 27 日，德军在兰斯和蒙特迪迪尔之间发动了埃纳河攻势，并于次日抵达马恩河流域，驻守此地的法军部队溃不成军。30 日，为了遏制德军的推进，美军第二和第三师奉命出征。第三师在蒂耶里堡占领了一座颇有战略意义的大桥，并以之为原点，向德军发起了进攻。随后，他们又和法军一起发动全面反击，将德军逼退到马恩河彼岸。第二师则在蒂耶里堡以西的贝罗和沃克斯之间阻止了德军的进军。6 月 4 日，德军的埃纳河攻势结束，这两个美军师级部队随即在若干节点展开反击，其中又以 6 月 6~25 日的贝罗树林之战最为著名。

从西线战场来说，无论是康蒂尼之战、蒂耶里堡之战还是贝罗树林内的战斗，都只能算是小打小闹而已。而在这几次行动中，美军师级部队的规模都是协约国部队的两倍左右，所以看起来就好像是他们表现得超出了人们的预期一样。从 3 月开始，珀欣就一直试图说服协约国作战总司令福煦发动大规模作战，终于在 7 月 24 日达成了心愿。以蚕食圣米谢尔附近的德军突出阵线为目的，从 9 月 12~16 日开始，美国第一集团军获准在西线战场前线发动全面进攻，其中一股部队则以东南部的凡尔登为目标即时出发。

此次攻势的预备炮击声势浩大，2970 门大炮持续轰炸了 4 个小时。随后，珀欣的部队从南北两翼包抄了目标阵地，在空中火力的支援下对之发动了猛烈的攻击，并在当天夜幕降临时合拢于霍顿查特。16 日，圣米谢尔攻势胜利结束。虽然德军在珀欣发动正式行动之前就已开始撤退，但仍然伤亡惨重——这也标志着美国远征军已具备了全面参战的能力。初尝胜果的珀欣迅即移师西进，奔向凡尔登。10 天之后，美军发动了其在第一次世界大战之中规模最大但也是最后一次的总攻。

物资转移

作为一场规模浩大、工业化程度较高的战争，第一次世界大战对高质量的武器装备有着极大的需求。现代化兵工厂的产品要运抵前线，除了传统的运输方式之外，还多了很多新的可选道路。

对所有参战国来说，往前线运输军用物资和人力资源是第一次世界大战中最为生死攸关却也极端乏味无聊的工作。一般来说，大批物资将会通过海运或铁路运输送到前线后方的囤积地，而前线需要什么装备了，就从这里直接调过去。由于弹药的消耗量极大，所以这种调配工作不仅工作量大，而且没完没了——如果遇到重大战役或攻势，那任务就更加繁重了。

例如，1914 年 9 月 5 日马恩河之战爆发时，法军为 75 毫米口径的大炮准备了 46.5 万枚炮弹，5 天之后，库存就只剩 3.3 万枚了。1916 年时，英国的弹药消耗也很惊人：在索姆河会战第一周之内，他们发射的弹药比其之前 12 个月里用掉的总量还要多。德军为 1918 年 3 月的攻势而储备的 116 万枚炮弹，在当月 21 日开战后的 5 个小时之内就全部打完了。

外国劳力

为了维持补给系统的正常运转，并在可能的情况下扩大其规模，几乎所有参战国当时都在世界范围内搜罗劳动力。英法两国从他们的海外殖民地弄来了许多人，其中英国在东非战场上就动用了 100 万人负责搬运工作，其中包括了东非本地人和来自其他殖民地的劳工。因为当时平均每个战士就需要三名搬运工协助，所以就算是这样也还不能满足战斗的要求。就算是在鲜见运动战的欧洲本土之内，补给系统对于劳动力的需求也非常大。此地的劳工主要来自中国，到 1918 年为止，共有 10 万中国技工和普通工人被送往西线战场为英军服务；而为法军服务的中国劳工人数与之相近，此外还有 6000 人为美国远征军服务。

畜力运输

从某种意义上来说，第一次世界大战也是一场被马拖动的战争。1914 年，一个英军步兵师的官方装备包括了 887 辆马车和近 5600 匹战马，而汽车却只有区区 9 辆。到 1918 年时，这种配置比例也没有什么大的改变——822 辆马拉车、8840 匹战马、11 辆汽车、3 辆卡车和 21 辆救护车，即是战争末期步兵师的标准装备了。部队对于包括马、驴、骆驼甚至阉牛之类的动物有着巨大的需求，这也是导致动物们在战争中死伤无数的主要原因。1914~1918 年，仅在法军之内就有 54.2 万匹战马丧生，而英军则损失了 48.5 万匹战马及其他牲畜。

虽然畜力运输在第一次世界大战的补给系统中十分关键，但汽车运输也渐渐占据了一个重要的位置。1915 年的凡尔登战役中，法军用卡车和轻便铁路为前线提供了重要的补给；6 月里，12000 辆法军汽车以每隔 14 秒开过一辆的频率，沿着进出凡尔登的唯一途径——圣母堞道——循环往复。

早期的军用货车其实都是由普通的民用车改装来的。英国就曾将 1300 辆属于伦敦通用汽车公司的公共汽车改装成了 B 型卡车。

后来，以丹尼斯、雷兰德和沃斯利为代表的汽车制造商开始为部队大量制造专用车辆。法军货车的发展史也和英国差不多，他们在 1914 年的最后几个月里曾征用了 1049 辆民用公共汽车、2500辆轿车和 6000 辆卡车，但雷诺、施奈德和其他的军工企业随后即开始为之制造专用车辆了。

兹河 – 阿尔贡攻势

在战争结束前的几个星期里，美国和法国一起，在西线战场发动了一次以突破色当方向德军防线为目的的大规模进攻。此次大获成功的行动持续时间很长，而且也是美国远征军首次领衔发动的攻势。

事件重点：
时间：1918 年 9 月 26 日~11 月 11 日。
地点：法国东部的阿尔贡地区。
结果：尽管德军进行了顽强的抵抗，但美军依然成功地推进到了默兹河沿岸。

在 1918 年 3~7 月的对德作战中，福煦就意识到敌人已经用光了战略储备。面对这个有心无力的对手，他决定重拳出击，于 9月在前线上同时发动一系列行动，以秋风扫落叶之势荡平敌军的有生力量。按照福煦的计划，法军和美军要从凡尔登以西联合北上，直捣德军前沿阵地之后约 48 千米处的铁路枢纽——梅济耶尔。与此同时，英军则向东挺进，插入佩罗纳和兰斯之间，控制另一处交通要塞。此外，他还安排驻扎在佛兰德斯的比、英、法三国联军，及驻扎在佩罗纳和拉斐里之间的英法部队实施小规模的袭击。

9 月 26 日，默兹河 – 阿尔贡攻势拉开了帷幕，60 万协约国士兵在 5000 门大炮、500 辆坦克和 500 架飞机的护送之下开赴战场。亨利·古洛将军率领的法国第四集团军被布置在战线左翼，而亨特·里格特率领的美国第一集团军则驻扎在埃纳河和默兹河之间。对于在四道防守严密的德军防线上寻找突破口的冲击任务，里格特的军队很快就厌倦了——阿尔贡地区森林茂密的地形给他们的行动带来了特别大的困难，而且德国援军的蜂拥而至也限制了他们在蒙特法肯拓展既得成果的可能，使他们被困在一段狭窄拥挤的战线上，进退不得。9 月末，美军部队只打开了前两道防线的缺口，总共向前推进了 16 千米，但面对第三道防线却始终无法再进一步。

战斗复苏

10 月 4 日，美军总司令珀欣暂停部队整编，将他手下最为老练的几支师级部队派去攻打德军第三道防线。虽然美军的推进依然缓慢而痛苦，但却为法国第四集团军赢得了向埃纳河挺进的机会。10 月 12 日，珀欣将作战部队一分为二，将之编为新的第一和第二集团军：前者受命继续北上，并在当月底推进到阿尔贡及更远的地区；后者则在罗伯特·布拉德的带领下向东进军凡尔登。

最后一击

11 月 1 日，此次攻势进入最后阶段。美国第一集团军终于攻破了德军的第三道防线，向北挺进到比藏希以西；随后，他们攻下此镇，帮助法国第四集团军顺利渡过埃纳河，继而穿越默兹河谷的空旷地区，前去料理剩余的抵抗力量。当月 6 日，美国炮兵连抵达色当南部的默兹河，开始向梅济耶尔开火；10 日，美国第二集团军开始向蒙特梅迪挺进，并于次日上午 11 点停火之前取得了一定的成绩。在这次攻势中，德军伤亡10万人，其中有2.6万人被俘；而美军则表现出了相当可观的冲劲，但他们也因为缺乏作战经验而付出了11.7万人伤亡的代价。

通信

几乎所有的将军都曾经为如何与前线将士有效地通信而苦恼过，而长久以来，虽然人们发明了若干种通信方式，却没有一种能够满足所有的作战情况。

各国指挥官们在当时最为头痛的问题之一，就是无法在战役打响之后即时掌握战场情况，更不要说及时发布新的指令了。在第一次世界大战之前的各种军事对抗中，由于战场面积小，参与战斗的部队规模也很有限，所以司令官们大可以自己在战场上走一走、看一看，根据所见所闻随心所欲地制订作战计划。但第一次世界大战战场波及欧、亚、非三大洲，参战部队动辄以十万计，想要在闲庭信步之中就指点江山怕是不大可能了。所以，指挥官们只好把指令细化到每一个方面，制作出一个详细的时间表，让每一个作战单位都清楚地知道自己该在什么时候做什么事。但问题还是存在的，毕竟战事不会按照任何人的计划不偏不倚地进行下去。所以，通信的困难依然制约着将军们对战场动态的反应。

由于当时语音通话系统还没问世，所以大多数参战国都采用无线电发送摩斯密码的方式传递信息。但这一通信手段却有两大致命的弱点：第一，由于摩斯密码的编码方式是一定的，而无线电信号又可能被敌方截获，所以信息内容很容易会被对方破译。1914年8月，协约国就非常幸运地两次截下了德国的电报，而其中一次直到 1918 年才为德方发觉。第二，无线电发报设备不仅又大又沉——早期的飞机即使不作改装也载不动一台发报机——而且非常"金贵"，根本就无法在前线火力交错的情况下长时间工作。随着战争进程的推进，较为轻便小巧而又更为耐用的发报机开始进入人们的视野，并渐渐得以配置到侦察机或侦察热气球上。但其他的通信设备仍然只能供地面部队使用。

电话系统

堑壕战的发展使得通过电话或蜂鸣器传送的摩斯密码越发流行，而包括当时的移动通信设备在内，所有的电话都是依赖电缆才能运作的。有线电话虽然方便，但缺点也很明显：即使电话线埋在战场地面一米以下，也还是很容易被敌军的火力切断；移动通信设备的电缆一般都暴露在无人区的地面上，这里正是双方火力交织最密集的地方，所以断线的频率也就格外高。对于通信员来说，维修断掉的电话线是一件困难而又危险的工作，但为了维持通信系统的正常工作，他们也没有别的选择。

活信使

发动进攻的部队还有很多其他联系方式，但也都有各自的缺陷。手写或口述的讯息一般靠信使跑步传递——在死亡和负伤随时都会降临到移动者头上的第一次世界大战战场，这种传递方式恐怕是最不安全的。讯息很有可能随着信使的死亡而半路消失，而这种方式相比电话来说也慢了很多，如果信使失踪，将军们更是不知道要向谁问罪去。而使用信鸽的效果就相对好一些，但这种"信使"在大炮炸弹面前也仍然过于脆弱了。1916 年凡尔登战役时，镇守沃克斯要塞的法军部队就曾将信鸽作为重要的通信兵，这些信鸽死后还以其勇敢获得了法国的最高荣誉。

其他通信方式则更为少见。在紧急情况下使用的信号弹，往往是为了示意向预定目标一齐开火。1916 年索姆河会战期间，英军还曾经在士兵的背包上缝了可以反光的金属三角形，以使后备部队可以随时观察部队的进程。

突破兴登堡防线

德国的兴登堡防线是一个设计复杂、"防护到牙齿"的防御工程，无论从任何角度来说都是固若金汤的。但就是面对这样的防守，英军仍然只花了几天时间就取得了突破——1918 年 9 月下旬，兴登堡防线被粉碎。

在第一次世界大战的最后几周里，协约国在西线战场北部一共发动了三次进攻。9 月下旬，英法师级部队在北段的阿尔芒蒂耶尔和比利时海岸之间整装待发；南段的拉斐里和艾菲之间有英法美三军的师级部队驻守；来自英国第一和第三集团军的 27 个师级部队则集结在中段艾菲和兰斯之间的地带。

顽强的抵抗

9 月 27 日，中段的英军发起总攻。陆军元帅海格知道自己的部队面前正是兴登堡防线中防守最为严密的一段，因此早就做好了打一场硬仗的准备。但他的顾虑却似乎有些多余，因为整个兴登堡防线居然在 10 月 9 日就被全面攻破了。接着，福煦元帅下令开始最后的进军，比利时军队杀入德军重要潜艇港口之一的布鲁日，而英国远征军则向着莫伯日和蒙斯挺进——自从 1914 年第一次接受战火洗礼之后，蒙斯还没有爆发过战斗。

挺进比利时

9 月 28 日，协约国作战组团开始袭击佛兰德斯，并在从伊普雷斯向东挺进的过程中小有斩获。10 月 1 日，协约国部队占领高地。但由于作战情况十分艰苦，巴伐利亚王储利奥波德带领的德国守军又十分顽强，所以北线军团的攻势至此陷入停滞。10 月中旬，战况终于有了转机：17 日，英军攻陷了里尔，比利时部队则占领了奥斯坦德；两天后，比军又打下了泽布勒赫和布鲁日，为其他协约国部队解除了德军的潜艇威胁。直到荷兰边境为止的所有比利时海岸地带已尽数纳入协约国掌中，战事随即转向南段。

在突破了兴登堡防线之后，英国远征军即开始向桑布尔河和斯凯尔特河进发。10 月 17~20 日，远征军似乎是为了预习一般，先跨过了赛尔河，11 月 1 日又推进到了法比交界地带，并于次日占领了瓦朗谢纳。德军的守势至此已被严重削弱。11 月 4 日，英国远征军发动了他们在第一次世界大战中的最后进攻——桑布尔河攻势。除了意外遭遇的顽强抵抗外，英军没花多大力气就顺利挺进了。11 月 10 日，加拿大部队再次进入蒙斯，而英军的进发则由于停火协议从次日起开始生效而中断了。

从 8 月 8 日的亚眠之胜开始，英军在第一次世界大战最后的一百天里的表现可圈可点。但从当年 1 月开始，英军共有 95.2 万人伤亡、染疾、被俘或失踪，而其盟友的境遇也好不到哪里去。法国的伤亡人数超过百万，美国远征军折损 28 万人，比利时和意大利则分别损失 3 万和 1.46 万人，1916 年才加入战场的葡萄牙伤亡最少，只有 6000 人。德军的损失也差不多，在 10 月和 11 月的决战之前就折损了 150 万人。

手枪

　　虽然第一次世界大战中的士兵们有很多都配备了手枪，但这却是军官们最常用的武器，在一定意义上来说，这也是军阶的象征。当对阵双方身处的空间十分有限时——譬如在战壕或是各种车辆里——这种武器往往是最有用的。

　　从最年轻的陆军中尉到最资深的陆军元帅，任何一个级别的军官都会配备左轮手枪或自动手枪，这些可以近距离致人死地的武器几乎已经成了权力的象征。在有限的空间里，步枪之类的长武器施展不开，手枪就变得特别有用。也正因为如此，一些不是军官的军人，像飞行员、隧道挖掘兵、坦克兵和装甲车机组人员之类也非常青睐这种武器。而配备手枪的军警则可以腾出手来核对文件，制伏讨厌的因犯。

手枪的设计

　　1914年时，手枪种类还比较少，只有一款可以往转轮里填装6发子弹的左轮手枪，和两款配备匣式弹夹、利用后坐力发射子弹的自动手枪。各个参战国都有自己的手枪制造企业，虽然为数不多，但却占据了相当大的市场。从1915年开始，韦伯利公司共为英国部队制造了30万把马克Ⅵ型左轮手枪。但即便数目如此庞大，却依然无法满足部队作战的需要，这也使得一些名不见经传的款式开始为人们所用。英国皇家海军、皇家海军航空部队和皇家飞行队就都曾配备过美式柯尔特自动手枪。

　　其他各国也有各自青睐的手枪生产厂。鲁格尔就是德国手枪的同义词，但实际上德军也小规模地使用过像毛瑟枪和比霍拉自动手枪这样的款式。上述不同型号的手枪也被贩往保加利亚和奥斯曼土耳其，其中仅保加利亚就曾购置过 2.2 万把。同盟国的另一成员奥匈帝国则在使用德式版本，同时他们也开发了自己的 1911 斯泰尔自动手枪及其他武器。在协约国方面，法国的勒贝尔公司，意大利的格里森迪和贝列塔公司，以及美国的柯尔特和史密斯韦森公司则是制造随身武器的巨头。比利时、俄国和塞尔维亚在购入手枪的同时也有自己的生产牌照，而且俄国还有自己设计的款式。

实战对抗

虽然手枪的射程较短，但用处却很大。当两军士兵在堑壕内狭路相逢或是在其他狭小空间内短兵相接的时候，一把小小的手枪有时就是克敌制胜的关键。但是，由于这种武器已经成了军阶的象征，敌军可以通过手枪的配备与否来判断一个军人是士兵还是军官，进而选择合适的方法来克制持枪者的行动，所以较有经验的机警军官往往会在此时选择丢掉手枪来保证自己的安全——他们甚至还会端起一把步枪来掩饰自己的军阶。

但也有很多的人则不肯为了降低风险而丢弃这种可以明显表露自己地位的武器，所以在战场上还是能看到不少带着左轮手枪或自动手枪的军官。

比利时制造的 7.65 毫米口径勃朗宁式 1900 型 7 弹手枪在第一次世界大战中有着特殊的意义。1914 年 6 月 28 日，19 岁的波西尼亚塞族主义者加尔利诺·普林西普就是用这种手枪，在萨拉热窝暗杀了弗兰兹·费迪南德大公夫妇的。

装甲车

对于侦察兵来说，装甲车不仅是一个巨大的防护盾牌，也是火力远超骑兵部队的武器。但实际上，这种战车往往都没有配备很强大的引擎，所以并不适合野地作战。

世界上第一辆以汽油为燃料的机动车出现于 1885 年，而首辆公认的装甲车则是 1902 年以后才问世的。当时的装甲技术还处于萌芽阶段，暂时还没有成套的行业标准可以遵循，所以很多设计都更偏向于试验而不是实用，采用的材料也只是各地的相对容易获取的普通原料而已，能够真正开上战场的就更是少之又少。当时的装甲车基本都以民用轿车或卡车的底盘为基础，用装甲板或其他较为厚实的材料围成一个四四方方的"盒子"（注意：不是流线型）。这种"盒子"要么是全封闭的，要么是顶上可以掀开，一般都有一个或一个以上的炮台，配备着从轻型重型机关枪到小口径加农炮等各种武器。此外，除了俄军的小部分装甲车采用半履带之外，大多都是用 4 个充气轮胎（其中 2 个为转向轮）来行驶的。

当时的装甲车都是由普通汽车制造商生产的，比较有名的企业包括比利时的密涅瓦、莫斯和SAVA，英国的奥斯丁、兰彻斯特、塔尔伯特、沃尔斯利和劳斯莱斯，法国的标致和雷诺，德国的布辛、戴姆勒和埃尔哈特，意大利的菲亚特和兰西亚。其中，英国和比利时设计的车型在本国出产后还会送往盟国，但被其敌军俘获并使用的却不多。德国曾从俄军手上弄去了一些英国产的奥斯丁装甲车，而奥匈帝国也曾使用过从意军和俄军手里夺取的战利品。

作战时的局限

对装甲车来说，最好的表现舞台是运动战。它们可以负责侦察敌情、搜集情报，也可以担任伏兵或是从两翼包抄敌军，还可以追击溃退的部队。但是，第一次世界大战的战争形式以堑壕战为主，而战场地形和实际战况也不利于行驶，因此这些体型笨重、马力不足的战车因为缺乏牵引而很难在山丘、泥潭或沙地里行进，还有很多装甲车的车轮暴露在车体之外，很容易就被敌军火力打爆了——加上其装甲厚度只能抵御一定范围之外的轻武器攻击，对炮击则完全没有防御能力，所以虽然第一次世界大战的所有前沿阵地几乎都配有装甲车，但却基本都无法大显神威，只有在 1914 年战争初期和 1918 年运动战回归的时段才略显身手。

英式设计

自从英国皇家海军的指挥官 C. R. 萨姆森在敦刻尔克附近征召了一些民用车去搭救落难飞行员，并向上汇报了敌方陆军和飞艇的动态之后，英国就开始引领装甲车的发展潮流。萨姆森最早用的装甲板是地方生产的，质量很差。后来，他利用职务之便弄到了一些较好的原材料，并要求英国的汽车制造商们为之专门设计作战用的装甲车。奥斯丁公司制造的装甲车数量最多，而其中大部分被运往俄国，劳斯莱斯的产品则无疑是质量最好的。1914 年12 月，最早的三款劳斯莱斯车（上将型）问世，它们和随后的车型都被派往运动战较多的战场，其中又以在中东的巴勒斯坦和美索不达米亚（伊拉克）地区的战绩最为傲人。

意大利战场的最后一轮会战

　　1917 年时，意大利的战局本已岌岌可危，但在协约国盟友们的帮助下，意军却施展绝地反击，在 1918 年末的维托里奥－威尼托之战中彻底摧毁了奥军的有生力量。

　　俄军在 1917 年的溃败让德奥两军得以从东线战场上解放出来，差点就被俄军歼灭的两国部队凭借对方的失利得以转战他处。1918 年初，德国抽回了原本驻扎在意大利的军队，开始筹谋西线战场上的大规模行动；与此同时，他们又催促奥国盟友赶紧碾碎意大利的作战力量。同盟国的作战计划分为两个同时进行的部分：一是袭击特伦蒂诺地区的意军防线；二是进攻东北部的皮亚韦河。

奥匈帝国的目的

　　负责在特伦蒂诺指挥进攻的是前奥军总参谋长、陆军元帅康拉德·冯·霍兹多夫，他曾于 1917 年 11 月被解职。康拉德计划攻占维罗纳，而驻扎在皮亚韦河，刚被提升为陆军元帅的斯维托扎·伯洛依维克则觊觎着帕多瓦。由于地形起伏太大，交通道路缺乏，这两人的部队最终只好各自出击。对他们来说更加雪上加霜的是，前往意大利战场的德国援军在途中就被打散了，无力继续执行指派的任务，而意大利总司令阿芒多·迪亚斯此时也已获知了他们的行动计划。

　　6 月 15 日，康拉德的德国第十一集团军向意大利第六和第四集团军发起攻击，在最初的作战阶段取得了一定的进展，随后即被意军堵住道路并击退。而伯洛依维克刚靠近皮亚韦河就被暴雨堵住了去路，慌不择路之中竟闯进了意大利炮兵部队火力最为集中的区域，其部队粮道迅速被切断。为了斩草除根，迪亚斯将所有后备部队全都投入了这里的战斗。22 日，皮亚韦河之战在意军的全力打击之下结束。折损 19 万人的奥军几近全灭，残余部队的士气一蹶不振不说，不少作战单位还由于种族问题而发生了兵变。至此，奥匈帝国的武装力量形同虚设，在夏末的作战中仅能象征性地做一些侦察工作了。

意大利守株待兔

但让协约国盟友们气恼不已的是，意大利总司令迪亚斯并没有抓紧时间立刻展开大规模反击，他花了好几个月养精蓄锐，非要等到西线战场出现便于其行动的情况才肯出手。10 月底，休整已久的意军部队再次出击，但领衔的第四集团军却遭到了奥匈帝国贝卢诺军团的强势抵抗，并于当月 24 日在蒙特格拉波被击退。

同一天，意大利三支集团军穿过皮亚韦河向维托里奥 - 威尼托发起总攻，中路的第八集团军随即遭到了奥匈帝国第六集团军的抗击。简·格拉齐亚尼率领的法国部队在协助意军作战时，从左翼进攻中尝到了甜头。意大利第十集团军中由英国将领卡文伯爵率领的英军士兵在 28 日也取得了类似的进展。在维托里奥 - 威尼托之战中，奥军防线上的豁口越拉越大，30 万守军被俘，剩余兵力则被打成了散兵游勇。11 月初，意大利北部及东北部的战场已被迪亚斯的部队扫清，而意军从 1915 年就开始眼巴巴看着的的里亚斯特也于当月 3 日被攻陷了。在的里亚斯特被意军攻占的那一天，奥匈帝国在 9 月 29 日发出的停火请求终于得到了回应，次日（11 月 4 日），停火协议正式生效。

解放巴尔干

在巴尔干地区无所事事的协约国部队被戏称为"萨洛尼卡园丁"。但在战争结束前的几个月里，他们却突然发威大举进军，并最终成功地迫使保加利亚部队投降。

事件重点：
时间：1918 年 9 月 15 日～11 月 4 日。
地点：整个巴尔干地区。
结果：协约国部队彻底击败了保加利亚，并向多瑙河挺进。

巴尔干地区的协约国部队自从 1915 年进入萨洛尼卡后，就一直在苦苦挣扎中处于一种半死不活的状态。1917 年 12 月 10 日，新巴尔干战区总司令马利·吉约马到任，巴尔干的局面也随之焕然一新。在那一段时间里，由于协约国最高指挥部调了不少部队和装备到其他战场去打仗，所以吉约马一直没有机会发动大规模进攻，但这位法国将军也没因此而闲着。首先，他发现了部队士气的低迷，于是便着手鼓舞士兵的斗志；接着，他又尽力化解了英法之间曾经存在的矛盾，并制订了一次大规模攻势的计划。

新司令

1918 年 6 月，吉约马被调回法国，取代他的是同样来自法国的路易斯·弗兰切·艾斯普雷，而吉约马那贯穿巴尔干东西两头的大计也终于在艾斯普雷手中得以实施。按照吉约马的设想，协约国部队将在东起爱琴海、西至阿尔巴尼亚边境之间的极长战线上大举进兵。同年初，德国驻巴尔干地区的大批部队已被抽调到西线战场，留下来的基本都是保加利亚部队。此时，得到了希腊援军支持的协约国部队不仅在人数上已经能与对方抗衡，而且在武器装备方面具有显著的优势。

9 月 15 日，瓦达河之战的枪声一响，法塞两军就以锐不可当之势推进了 24 千米，而协约国在巴尔干地区的最后一波攻势也随之开始了。18 日，在保加利亚部队被迅速逼退的同时，英希联军也在多兰湖附近取得了优异的战绩。被打得只剩半条命的保加利亚部队忙不迭地开始求和，但弗兰切·艾斯普雷却不肯罢休，并于 25 日命令部队继续压进；同一天，英军开进保加利亚国境；29 日，法军部队占领了塞尔维亚南部的乌斯库伯。

由于意大利战场等地吃紧，奥匈帝国只好在巴尔干地区的阿尔巴尼亚、黑山和塞尔维亚等地收缩军队，这也使得保加利亚越发孤立无援。9 月 26 日，保加利亚再次请求停战；两天后，双方在萨洛尼卡进行谈判；30 日中午 12 点，保军正式停火。

但这并不表示协约国在巴尔干地区的行动就此结束。此时，弗兰切·艾斯普雷的部队已向四面八方散开：塞族部队在进军过程中解放了自己的祖国，并顺便搭救了邻国黑山；法军开入塞尔维亚并将触手深入保加利亚西部；英军继续向东深入，在侵袭保加利亚海岸的同时，向着君士坦丁堡的方向穿过了土耳其属于欧洲的部分国境；驻扎在阿尔巴尼亚南部的意军也来凑热闹，从溃退的奥军手中夺下了奥国北部。

最后一战

11 月 1 日，塞族部队解放了从 1915 年末就被占领的塞尔维亚首都贝尔格莱德，胜利之光在士兵们脸上熠熠生辉。11 月 4 日，停火协议生效，此时协约国部队已经沿多瑙河及塞尔维亚与奥匈帝国和罗马尼亚交界处密密麻麻排开了。罗马尼亚从 1917 年开始就不断被同盟国蹂躏，他们还曾与德军于 1918 年 5 月签署了《布加勒斯特协议》，但在协约国部队的最后一战中，罗马尼亚却不顾协议内容倒戈一击，在 11 月 10 日再次对德宣战——这正好是第一次世界大战停火总协议生效的前一天。

美厉多之战

1918 年初，大批英军从巴勒斯坦地区撤退。但当年 9 月，此地战事再次活跃，英军在极短时间内巧妙地重挫了奥斯曼土耳其守军。

事件重点：
时间：1918 年 9 月 19~21 日。
地点：耶利哥和雅法之间的巴勒斯坦地区。
结果：奥斯曼土耳其守军大败之下仓皇撤退。

1918 年，为了抵御德军的疯狂进攻，艾德穆德·艾伦比将军手下约有 6 万人被调往西线战场，人数的锐减也让艾伦比暂时不敢在巴勒斯坦地区有任何大动作，只能用剩余的英军发动一些规模很小的进攻。而在这段时间里，艾伦比的右翼力量、"阿拉伯的劳伦斯"手下那些阿拉伯非正规军却大显神威，不仅占领了许多奥斯曼土耳其军队的阵地，而且还夺下了阿曼和麦地那之间的汉志铁路。当年夏末，一批印军部队前来支援艾伦比，这位司令官一等声势有所壮大，就开始计划在此地发动一次大规模的决定性攻势。

此时，艾伦比手下有 5.5 万名步兵、1.2 万名骑兵和 540 门大炮，德军将领奥托·里曼·冯·桑德尔斯手下有 3.5 万人和 350 门大炮组成的三支集团军，他们看守的防线从地中海沿岸雅法以北地区一直延伸到了约旦河河谷。艾伦比决定用 3.5 万人的步兵和 400 门大炮对土军阵地的地中海一侧发动进攻。这一段防线上只有 8000 名土军士兵和 130 门大炮而已，守卫不算十分严密，因此很容易就被打开了一个缺口，艾伦比的骑兵随即跟上，彻底冲垮了土军的防守。至此，艾伦比的部队以约旦河河谷为支点，开始向东向北突进。

瞒天过海

为了掩盖自己的真实意图，艾伦比要了很多花招来扰乱土军的视线。英军飞机先是扫清了德军的侦察机，避免从战场上空走漏风声；接着，艾伦比又在耶路撒冷东侧近郊布置了很多无人帐篷和骑兵行进的痕迹；然后，他让士兵们放出关于进攻日期的假消息，又谎称计划举办赛马比赛，等等。然后，9 月 19 日，真正的美厉多之战正式开打。和上次的战术类似，海岸地区的步兵部队迅速穿过土军工事，骑兵部队随之将断裂的防线彻底冲散；轰炸机和对地攻击机对通信要道、土军总部及其他所有阵地狂轰滥炸，在对方毫无还手之力的情况下迅速地于 21 日取得了胜利。土军被艾伦比之前制造的烟雾弹蒙得云里雾里，还没明白是怎么回事就已经被打得溃不成军，仓皇之中四散而逃。艾伦比的计划至此已成功了一大半。

进军叙利亚

艾伦比指挥他的部队几乎是在用光速作战：10 月 1 日，澳大利亚和阿拉伯军团占领大马士革；次日，印度师级武装攻陷贝鲁特；26 日，持续进攻的英军部队在中东最后一波进攻中打入阿勒颇。土军在这次对抗中回天乏力，只好派出使节到穆多罗斯港谈判。经过了 4 天的交涉之后，双方于 10 月 30 日签署了停火协议；次日中午，中东地区的军事对抗正式结束。在 38 天的时间里，艾伦比指挥部队突进 560 千米，摧毁了三支奥斯曼土耳其集团军，俘虏 7.6 万人，而己方却只有 850 人死亡、4500 人受伤、380 人失踪。其计划之周密、战功之显赫，实在令人叹为观止。

从 1915 年 1 月开始到 1918 年 10 月为止，英军在巴勒斯坦地区的战役中总共损失了 5.15 万人，其中包括来自澳新军团的 5300 人和来自印度兵团的 1.1 万人。奥斯曼土耳其方面的具体损失数字不详，只能估计有包括 10 万俘虏在内的 13.5 万人折损。

巡洋舰

巡洋舰是第一次世界大战中所有海军的必备品。这种战舰既能在远离母港的海域单独作战，又能组成舰队执行大规模对抗任务。

19 世纪下半叶，英国皇家海军是世界上最早发展巡洋舰的部队。当时的巡洋舰舰体比现存的版本要小，而速度也要相对快一些，最了不起的是它们当时就已经能执行远洋航行任务了。各国的巡洋舰基本上都可以分为两类。作为侦察战舰的装甲巡洋舰一般都配有大口径的攻击武器和坚固的舷边装甲，可随主力舰队一同作战；掩蔽巡洋舰除了厚厚的舷边装甲之外，连甲板也覆盖了保护层，多半用来保护海上贸易通道和海外军事港口。所有第一次世界大战的参战国在 1914 年时都有巡洋舰，虽然具体款式不同，但总不会超出这两类的范围，其中法国有 37 艘，俄国有 15 艘，德国有 52 艘，奥匈帝国有 9 艘。

巡洋舰的地位

英国在巡洋舰方面的储备比所有国家都要大。他们在战前曾有 100 艘掩蔽巡洋舰，但后来都让位给了更轻更快的型号。由于无畏舰从 1908 年开始得到发展，其战时总数为 40 艘的巡洋舰中有不少都是装甲巡洋舰。德国的重型巡洋舰在开战以后即被归入第二梯队，其大洋舰队采用的基本全是轻型巡洋舰。轻型巡洋舰和装甲型、掩蔽型巡洋舰之间的区别非常明显，其排水量只有另外两者的一半左右，速度更快，而携载武器的口径也要小很多。

德国海军对轻型巡洋舰青睐有加，曾在开战之初的几个月间用其骚扰协约国的海路，袭击协约国商船，甚至在大批轻型巡洋舰被击沉之后还是不肯将其从主要舰队里撤出。但第一次世界大战也并非轻型巡洋舰独霸的天下：英军曾用装甲型和掩蔽型巡洋舰对德国水面袭击舰穷追猛打，直至击沉；作为地方舰队的主力，这两类巡洋舰还常配合老式前无畏舰一起作战；从 1917 年开始，它们又成了护卫舰队的一员。

在战争中的损失

在第一次世界大战期间的很多海战里，人们都能看到巡洋舰的身影。1914 年末的福克兰群岛海战里，英德双方共有 13 艘巡洋舰参战，其中英军的 10 艘不是装甲型就是轻型。而作为第一次世界大战中声势最为浩大的海战，1916 年的日德兰海战自然也少不了巡洋舰的参与。英军大舰队各部共出动了 8 艘装甲型巡洋舰和 26 艘轻型巡洋舰，德国大洋舰队则派出了 11 艘轻型巡洋舰。

在有大型战船参加的海战中，巡洋舰其实是非常脆弱的，这一点在日德兰海战中表现得特别明显。在此战中，德军共损失了 4 艘轻型巡洋舰，其中包括被英军驱逐舰鱼雷击中，随后逃逸的"罗斯托克"号，被若干枚炮弹击沉的"威斯巴登"号，以及被鱼雷击沉的"艾尔宾"号和"弗劳恩罗布"号。此外，"黑王子"号、"防守"号和"武士"号三艘装甲巡洋舰也在协约国大型战船的炮击之下沉没。

在整个第一次世界大战过程中，有许多巡洋舰由于各种原因沉没，其中协约国有 39 艘，同盟国有 28 艘。

德国海军哗变

1918 年末，已经输掉了战争的德国却还在为前线的兵变及后方的动乱而头疼。政局的动荡使得无论是在城市、乡村，还是部队内部，人们都选择了叛乱和暴力来发泄不满。

1914 年 8 月，德国的实际决策者、操纵内阁又把持军权的德皇威廉二世，以抵抗俄法入侵为名，号召臣民们联手作战。这一说辞使得整个德国群情激昂，甚至也得到了右翼社会民主党这种反对派的认可；而其国内长期对立的党派之间也因此而达成暂时"休战"的协议，决定一致对外。1917 年 7 月，德国国会中的领导核心及左翼势力沆瀣一气，强制通过了"和平决议"，表示德国既不想吞并别人，也不想付出赔款，并要求在这一前提下结束战争。这一举动激怒了右翼党派和军队高层，并宣布两大势力间的"休战协议"失效，德国团结一心的局面到此终结。

抗争和饥饿

1918 年，随着英国的海上封锁日益严密，德国民众的日常生活也每下愈况，群众暴乱越发频繁。当年 1 月，约有 100 万工人走上街头表示抗议，受到德国政府的镇压，德国社会民主党领袖弗雷德里希·艾伯特则暂时被拘留。

接下来的几个月里，局势更加混乱了。陆军元帅保罗·冯·兴登堡和艾力克·鲁登道夫从"休战协议"失效开始执掌国政。9 月，为了进一步镇压动乱，并将溃败之责转嫁给政客，最大可能地维护自己的声誉，他们决定将政权交还国会。10 月 3 日，巴登王子马克思出任总理，包括了一定数量社会民主党人士的联合政府开始执政。10 月 26 日，鲁登道夫被解职，兴登堡亦宣布退休。

哗变和叛乱

由于有太多根本问题需要进行彻底的改变，所以新政府的成立这一点小小的进步并没能遏制住整体局势的恶化。头一年的布尔什维克革命在席卷俄国的同时，也鼓舞了德国的斯巴达克斯党，使之在这次动乱中表现得特别活跃。德国皇家海军也没能在革命的热浪中作壁上观，11 月 3 日，由于布尔什维克分子在军中散布"军队高层将让海军舰队执行自杀式任务"的谣言，基尔港里早就对缺衣少食极度不满的水手们一怒之下发动哗变，并与罢工工人联名要求结束战争，改革内政。很快，哗变就在其他海军港口蔓延开来，甚至连乡村和城镇也变得更加躁动了。

而德国政府对这一切的反应则表现得迟钝而保守。11 月 9 日，新政府总理马克思王子在没有得到授权的情况下宣布德皇威廉二世退位，并进一步越权将国政交给了艾伯特打理。随后，副总理菲利普·沙伊德曼又在没有获得艾伯特允许的情况下，宣布德国为共和国。但这一切也没能阻止动荡的深化。慢慢地，艾伯特的临时政府渐渐发觉，和平诉求及粮食问题都已经沦为了激进分子推动改革和创建布尔什维克政体的工具。

于是，艾伯特求救于德军总参谋长、右翼分子威廉·格罗那将军。随后，格罗那和内阁成员古斯塔维·诺斯克一起开始制订平叛策略。陆军部队和由右倾退伍军人组成的临时小队"义勇军"开始对革命进行血腥镇压。从 1919 年 1 月开始，他们着力打击人数骤增的斯巴达克斯党，并谋杀了该党的两位领袖——卡尔·李卜克内西和罗萨·卢森堡。同年 4 月，最后一波抵抗势力也被铲除。

战争的后果

　　在很长一段时间里，第一次世界大战都被视为一次无谓的战争。在协约国阵营里，并非每一个参战国都是出于高尚的动机才拿起武器的，有一些国家甚至应该为他们在战前的表现而受到谴责。但是，仅就选择战斗而不是屈服这一点来说，他们都是正确的。人们对第一次世界大战存在普遍的误读，在一定程度上是因为后来爆发的第二次世界大战以其清晰的对错关系掩盖了这次战争的光芒。但是，使得第二次世界大战成为一次正义之战的因素有很多已在 1914~1918 年显现出来。反对专权的需要、赤裸裸的军事侵略、针对平民的暴行、不人道的武器和种族屠杀，等等，都已经在第一次世界大战里出现过了。

　　所以，第一次世界大战当然是一场必要的战争，但这场战争的结束却没有换回应有的和平。部分战胜国的要求太高，英法两国则希望除了同盟国以外其他各方势力都恢复到战前的情况，而德国则面临着十分严厉的制裁。最终的和平协约里充满了私利的气息，而这也是导致 20 年后世界重新卷入战火的原因之一。

停火

　　1918 年 10 月，德国已经没有能力继续作战；11 月，无力回天的德国只好请求停火。但在简短的和谈中，他们却没有任何讨价还价的本钱，只能任由协约国去制定和约条款。

1918 年，德国经历了胜败之间的大起大落。6 月时，德国还可以为占领了前所未有的广阔疆土而扬扬自得；但几个月之后，他们不仅被协约国踩在脚下，还被国内的革命浪潮弄得头痛不已。德国毫无理由地输掉了战争，而使其地位不保的理由却有很多：譬如英军的海上封锁，譬如美军源源不断涌入欧洲，譬如 3~6 月德军在法国攻势的失利，当然还有协约国自 7 月中旬起发动的一系列行动。一度无人可及的德国军队在低迷的士气和骚乱的政治中威风扫地，而在其大后方，由于日常用品短缺和政治、工业的动荡，人们的精神也快要崩溃了。

作为后来曾执掌国政的军队领袖，陆军元帅兴登堡和鲁登道夫发现：造成德国全线崩溃的原因其实是人们已经丧失了勇气。虽然这二人于 9 月末先后卸任，但他们在此之前却已经劝服了德皇威廉二世停战并接纳新政府——德国需要这样一个不因皇室或军队的裙带关系而腐化堕落的政府。10 月 3 日，巴登王子马克思出任新政府总理，随后，他迅速向于 1918 年 1 月提出了"十四条和平建议"的美国总统伍德罗·威尔逊发出停战请求。协约国阵营和德国之间于是出现了一阵外交风暴，但德国最终同意恢复协约国战前局势，并委曲求全地于当月 20 日逼威廉二世退了位。

和谈

11 月 6 日，马克思王子决定开始实质性的谈判，并派出了由中级政客和高级军官组成的代表团。11 月 8 日，停火的细节商讨在协约国最高司令部所在地贡比涅进行，协约国最高司令、陆军元帅费迪南德·福煦作为仅由英法两国代表组成的代表团领队出席会谈。而以马提耶·埃次贝尔格为首的德国代表团很快就发现，"会谈"的内容根本就不涉及威尔逊的"十四条"，只不过是一张写满了苛刻要求的赔偿清单而已。

惩罚德国

停火协议共有 34 条，几乎条条都是为了削弱德国军力和经济而设，此外还包括了要求德军在 14 天之内撤出其占领的所有阵地（包括阿尔萨斯和洛林），协约国在 28 天之内接管莱茵河以西的德国领土并建立一条深入德国东部 32 千米的桥塔等内容。而德国还必须放弃 5000 个火车头、15 万辆各式运输装备和 1 万辆货车及所有潜艇及战舰，归还从他国银行里掠夺的所有资金——也就是赔款——而英军则将继续保持对德的海上封锁。

这些条款让德国代表惊得目瞪口呆，但在经过高层批准之后，他们还是于 11 月 11 日上午 5 点 5 分签署了停火协议。至此，战事正式结束，但和平协议尚未完成。

和平协议

尽管威尔逊总统竭力避免英法继续与德国为敌，但显然他是高估自己的影响力了，《凡尔赛和约》的赔偿条款极其苛刻，战败国只能吞下满腹苦涩。

1918 年 11 月，第一次世界大战战场上的战火熄灭了，但这并不表示战争已经结束，在巴黎市郊举行的数次和谈将用一系列同名协议来对这场战争进行正式的清算。这些谈判从 1919 年 1 月 12 日开始，一直持续到 1920 年 1 月 20 日，总称"巴黎和会"。共有包括协约国成员及其联合势力的 32 个国家，和另外 23 个所谓"特殊利益国"参与了此次和会。对英、法、意、日、美等战胜国来说，和会的主要内容是他们这些属于"共同利益体"的国家对控制权进行再分配。同盟国成员无一获邀前往，而俄国的布尔什维克政府则拒绝出席。

各方的目的

"共同利益体"中每个国家派出了两名代表出席"十人会议"，此会议原本是讨论人道主义援助问题的，但其议题随后即彻底转变为了领土讨论。从 1919 年 3 月开始的"四人会议"，是由"共同利益体"中除了日本之外其他 4 国的最高领导组成的，讨论的内容则具有更浓的火药味。

美国总统伍德罗·威尔逊希望能与以德国为首的同盟国取得和解，但法国总理乔治斯·克列孟梭却想狠狠地惩罚一下这个败军之将，英国首相大卫·劳埃德·乔治的态度较为中立，而意大利总理维托里奥·奥兰多则只关心能在地中海及其周边地区占领多少土地。当年 4 月，在其他协约国成员同意将东亚得里亚海的部分地区分给新成立的南斯拉夫之后，奥兰多就退出了会谈。

达成协议

最后，和会达成了五个协议：与匈牙利签订的《特里亚农协议》（1919 年 6 月 4 日），与德国签订的《凡尔赛协议》（1919 年 6 月 28 日），与奥地利签订的《神圣日耳曼协议》（1919 年 9 月 19 日），与保加利亚签订的《纽利协议》（1919 年 11 月 27 日），与奥斯曼土耳其签订的《塞夫勒协议》（1920 年 8 月 10 日）。在针对战败的同盟国方面，这些协议都很类似，而其中又以德国损失的疆界、赔偿的款项和受到的军事约束最大。而苛刻的规定又在以德国为首的战败国国内点燃了持续的怨恨，德国更是因为戴上了"引发第一次世界大战的唯一罪魁"的大帽子而抬不起头来。

尽管威尔逊主持建立了国际联盟，但英法却出于私心而给了他很多刁难。在威尔逊的努力之下，原本属于奥匈帝国的土地上建立起了很多新的国家。当他打算对奥斯曼土耳其如法炮制的时候，妄图继续扩大海外殖民地的英法两国却来插了一脚，掠去了包括叙利亚、黎巴嫩和巴勒斯坦在内的许多土地。日本获准接管德国自 1914 年起占领的中国领土，这也导致属于"特殊利益国家"的中国拒绝接受和谈结果。巴黎和会由于只满足了少数与会者的利益，因而遗留下了很多问题没有解决。事实上，和会签署的若干和平条约都没有得到贯彻，连美国都在 1919 年 11 月的国会投票中拒绝承认《凡尔赛和约》。而威尔逊的国际联盟虽然得以建立，但实力却比他预计的要弱很多。

国际联盟

作为可以解决成员国纷争的国际组织的倡导者，美国总统威尔逊的确勇气可嘉，但经由其倡议而成立的国际联盟却屡逢危机，并没有按照他的预期发挥出实际的作用。

伍德罗·威尔逊总统在 1919~1920 年参加巴黎和会时，一心想要按照"十四条和平建议"的思路来推进谈判。"十四条"是威尔逊本人在 1918 年 1 月提出的，文件内容主要是倡导建立一个更民主、更安全的战后新世界，而建立一个可以在国际纷争中调解分歧并维护和平的"国际联盟"则是其中非常关键的一条。在某种程度上来说，威尔逊的倡议十分符合当时战后大背景下人们的心态，但也正是由于其尝试让不同势力之间取得平衡，于是和战前几国独立的外交局势起了冲突。

1920 年，国际联盟成立，并在传统中立国瑞士境内的日内瓦市设立了总部。当时这个组织包括了三个主要部分：以秘书长为首的秘书处是由来自所有成员国的官员们组成的固定班底；所有成员国的代表共同构成国际联盟大会，但每个国家无论有多少名代表都只有一票投票权，这也是负责包括预算、日常会晤等国际联盟主要活动的部门，但实际的工作则多由大会委员会负责；行政院由 5 个常任理事国——即英国、法国、意大利、日本和美国——及由国际联盟大会选出的 4 个非常任理事国组成，每国享有一票投票权，在没有国际危机时至少每三个月会晤一次。1922 年，常任理事国的数目又增加了一个，而到 1926 年时总数则增为 9 个。

国际联盟的任务

国际联盟还有很多负责各类事务的其他部门：1921 年设立在荷兰海牙的国际常设法院由来自不同国家的 15 名法官组成，负责依法裁定国际纷争；委托管理处负责监察德国原先的殖民地和原奥斯曼土耳其帝国的部分地区；委托裁军处负责控制武器的出售和制造；国际劳工组织致力于提高劳工待遇及监控贸易协会。

初期的成功

国际联盟的目标非常了不起，而在成立之初也确实取得了不少成绩。如和平地调解了芬兰和瑞典之间的分歧（1921 年），平息了德国和波兰之间的矛盾（1921 年），化解了意大利和希腊之间的争端（1923 年），还在土耳其和伊拉克之间进行斡旋（1924 年），等等。但苏联一开始并不是国际联盟的成员，而德国也是 1926 年才加入的。由于受到第一次世界大战战胜国的操控，国际联盟的工作明显地表现出以欧洲为核心的特点，所以它实际上能够发挥的作用微乎其微，连美国后来都不愿意成为其一员而宣布退出了。因为国际联盟缺乏财政来源，只能依靠经济制裁来维持其运作，所以对做错事的国家也没有清楚地规定到底该采取怎样的军事行动。

20世纪30年代，国际联盟的缺陷暴露得越发明显，而军国主义国家则开始明目张胆地挑衅联盟的权威，本尼托·墨索里尼领导的法西斯意大利和阿道夫·希特勒控制的纳粹德国就是其中的主要代表，而日本也因为侵占中国东北遭到谴责而退出了国际联盟。国际联盟从第二次世界大战爆发起就已失去光彩，却直到1946年4月18日才彻底解散。

战争与回忆

人们对1918年11月降临的和平反应不一，只是都承认这台"绞肉机"已经停止转动了。而目前人们对于这次大规模军事战争的看法，在很大程度上却并非以史实为基础，而是来自一系列错误的论断。

毫无疑问，世界上的几个大国都在第一次世界大战里付出了巨大的代价。粗粗算来，1914~1918年，共有6500万人投入战斗，协约国4200万，同盟国2200万。其中，协约国大概有480万人死亡、1200万人受伤，同盟国则约有310万人死亡、840万人受伤。而在此期间死亡的平民，即使不计因流感而丧生的人也有660万之巨。

对于"绞肉机"的停转，各国的公众反应有所不同。有人沉浸在痛苦之中，有人则为了照顾精神或肉体遭受创伤的人而奔忙，而更多的人则在欢庆这场浩劫的过去。战胜国里，人们觉得这是一场正义的战争，虽然损失惨重但绝对值得；在战败国里，困惑的人们只觉得被自己的领袖欺骗、背叛了；原属奥匈帝国和沙皇俄国的中欧、东欧部分地区则从长期的奴役中解放了出来，成立了新的国家。

一场无用之战？

在接下来的几十年里，人们开始从各个角度神化第一次世界大战，其中又以英国的表现最为浮夸。究其原因，大概因为英国是第一次世界大战所有参战国里损失最严重的一个，其在这期间的伤亡人数甚至超过了在第二次世界大战里的损失。几乎所有协约国的人都认为他们打的是一场伸张正义的战争，譬如英国1918年颁发的胜利勋章上就篆刻着"一场文明的大战"字样，而停火的日子最初也尽是志同道合的欢欣鼓舞，丝毫没有对逝者的纪念。而德国为第一次世界大战而建的纪念馆中，最宏伟的一座却是为了彰显1914年间重挫俄国的坦能堡大捷，并非用来纪念牺牲的战士。

从20世纪20年代开始，如艾力克·马里亚·雷马克的《西线无战事》，罗伯特·格雷夫斯、威尔弗雷德·欧文和齐格弗里德·萨松等人的诗集等以个人经历为题材，揭露堑壕战残酷本质的半纪实类作品大量涌现，人们渐渐接受了第一次世界大战毫无意义的观点。当然，与之观点相左的作品也有不少，如厄恩斯特·荣格的《钢铁风暴》就是彻底陶醉在战争之中的。但由于雷马克等人的作品更有说服力，所以人们更倾向于认同"不合格的冷血指挥官们在第一次世界大战中将勇士们的生命视同草芥"这种说法。

对将领们的评价

事实上，上面的看法也有失偏颇，第一次世界大战中的将领当然并非全都卓尔不凡，但至少绝大多数是称职的，所以他们自然也关心堑壕战中士兵的伤亡。但堑壕战本身就是因为技术上一时的不平衡而产生的一种宜守不宜攻的战斗形态，这也是为什么将领们千方百计地用预备炮击、毒气和坦克等武器来试图打破这种僵局的原因。而直到 1918 年，他们的努力才具备了收获的条件。也许，对于第一次世界大战最大的一种误读，就是经历过此战的人们——譬如作家 H.G. 威尔斯——认为他们见证的是一场"终结一切战争的战争"。